海上絲綢之路基本文獻叢書

檳榔嶼開闢史

〔英〕書蠹 編
顧因明 王旦華 譯

文物出版社

圖書在版編目（CIP）數據

檳榔嶼開闢史 / （英）書蠹編 ; 顧因明, 王旦華譯
. -- 北京 : 文物出版社, 2022.7
（海上絲綢之路基本文獻叢書）
ISBN 978-7-5010-7682-6

Ⅰ. ①檳… Ⅱ. ①書… ②顧… ③王… Ⅲ. ①檳榔嶼
一地方史一 16-18 世紀 Ⅳ. ① K338.9

中國版本圖書館 CIP 數據核字 (2022) 第 097839 號

海上絲綢之路基本文獻叢書

檳榔嶼開闢史

編　　者：〔英〕書蠹
策　　劃：盛世博閱（北京）文化有限責任公司

封面設計：鞏榮彪
責任編輯：劉永海
責任印製：王　芳

出版發行：文物出版社
社　　址：北京市東城區東直門內北小街 2 號樓
郵　　編：100007
網　　址：http://www.wenwu.com
經　　銷：新華書店
印　　刷：北京旺都印務有限公司
開　　本：787mm×1092mm　1/16
印　　張：13.125
版　　次：2022 年 7 月第 1 版
印　　次：2022 年 7 月第 1 次印刷
書　　號：ISBN 978-7-5010-7682-6
定　　價：98.00 圓

總緒

海上絲綢之路，一般意義上是指從秦漢至鴉片戰争前中國與世界進行政治、經濟、文化交流的海上通道，主要分爲經由黄海、東海的海路最終抵達日本列島及朝鮮半島的東海航綫和以徐聞、合浦、廣州、泉州爲起點通往東南亞及印度洋地區的南海航綫。

在中國古代文獻中，最早、最詳細記載『海上絲綢之路』航綫的是東漢班固的《漢書·地理志》，詳細記載了西漢黄門譯長率領應募者入海『齎黄金雜繒而往』之事，書中所出現的地理記載與東南亞地區相關，并與實際的地理狀况基本相符。

東漢後，中國進入魏晋南北朝長達三百多年的分裂割據時期，絲路上的交往也走向低谷。這一時期的絲路交往，以法顯的西行最爲著名。法顯作爲從陸路西行到印度，再由海路回國的第一人，根據親身經歷所寫的《佛國記》（又稱《法顯傳》）一書，詳細介紹了古代中亞和印度、巴基斯坦、斯里蘭卡等地的歷史及風土人情，是瞭解和研究海陸絲綢之路的珍貴歷史資料。

隨着隋唐的統一，中國經濟重心的南移，中國與西方交通以海路爲主，海上絲綢之路進入大發展時期。廣州成爲唐朝最大的海外貿易中心，朝廷設立市舶司，專門管理海外貿易。唐代著名的地理學家賈耽（七三〇～八〇五年）的《皇華四達記》記載了從廣州通往阿拉伯地區的海上交通『廣州通夷道』，詳述了從廣州港出發，經越南、馬來半島、蘇門答臘半島至印度、錫蘭，直至波斯灣沿岸各國的航綫及沿途地區的方位、名稱、島礁、山川、民俗等。譯經大師義净西行求法，將沿途見聞寫成著作《大唐西域求法高僧傳》，詳細記載了海上絲綢之路的發展變化，是我們瞭解絲綢之路不可多得的第一手資料。

宋代的造船技術和航海技術顯著提高，指南針廣泛應用於航海，中國商船的遠航能力大大提升。北宋徐兢的《宣和奉使高麗圖經》詳細記述了船舶製造、海洋地理和往來航綫，是研究宋代海外交通史、中朝友好關係史、中朝經濟文化交流史的重要文獻。南宋趙汝適《諸蕃志》記載，南海有五十三個國家和地區與南宋通商貿易，形成了通往日本、高麗、東南亞、印度、波斯、阿拉伯等地的『海上絲綢之路』。宋代爲了加强商貿往來，於北宋神宗元豐三年（一〇八〇年）頒佈了中國歷史上第一部海洋貿易管理條例《廣州市舶條法》，并稱爲宋代貿易管理的制度範本。

元朝在經濟上採用重商主義政策，鼓勵海外貿易，中國與歐洲的聯繫與交往非常頻繁，其中馬可·波羅、伊本·白圖泰等歐洲旅行家來到中國，留下了大量的旅行記，記録元代海上絲綢之路的盛況。元代的汪大淵兩次出海，撰寫出《島夷志略》一書，記録了二百多個國名和地名，其中不少首次見於中國著録，涉及的地理範圍東至菲律賓群島，西至非洲。這些都反映了元朝時中西經濟文化交流的豐富内容。

明、清政府先後多次實施海禁政策，海上絲綢之路的貿易逐漸衰落。但是從明永樂三年至明宣德八年的二十八年裏，鄭和率船隊七下西洋，先後到達的國家多達三十多個，在進行經貿交流的同時，也極大地促進了中外文化的交流，這些都詳見於《西洋蕃國志》《星槎勝覽》《瀛涯勝覽》等典籍中。

關於海上絲綢之路的文獻記述，除上述官員、學者、求法或傳教高僧以及旅行者的著作外，自《漢書》之後，歷代正史大都列有《地理志》《四夷傳》《西域傳》《外國傳》《蠻夷傳》《屬國傳》等篇章，加上唐宋以來衆多的典制類文獻、地方史志文獻，集中反映了歷代王朝對於周邊部族、政權以及西方世界的認識，都是關於海上絲綢之路的原始史料性文獻。

海上絲綢之路概念的形成，經歷了一個演變的過程。十九世紀七十年代德國地理學家費迪南・馮・李希霍芬（Ferdinad Von Richthofen，一八三三～一九〇五），在其《中國：親身旅行和研究成果》第三卷中首次把輸出中國絲綢的東西陸路稱爲『絲綢之路』。有『歐洲漢學泰斗』之稱的法國漢學家沙畹（Édouard Chavannes，一八六五～一九一八），在其一九〇三年著作的《西突厥史料》中提出『絲路有海陸兩道』，蘊涵了海上絲綢之路最初提法。迄今發現最早正式提出『海上絲綢之路』一詞的是日本考古學家三杉隆敏，他在一九六七年出版《中國瓷器之旅：探索海上的絲綢之路》中首次使用『海上絲綢之路』一詞；一九七九年三杉隆敏又出版了《海上絲綢之路》一書，其立意和出發點局限在東西方之間的陶瓷貿易與交流史。

二十世紀八十年代以來，在海外交通史研究中，『海上絲綢之路』一詞逐漸成爲中外學術界廣泛接受的概念。根據姚楠等人研究，饒宗頤先生是華人中最早提出『海上絲綢之路』的人，他的《海道之絲路與昆侖舶》正式提出『海上絲路』的稱謂。選堂先生評價海上絲綢之路是外交、貿易和文化交流作用的通道。此後，大陸學者馮蔚然在一九七八年編寫的《航運史話》中，使用『海上絲綢之路』一詞，這是迄今學界查到的中國大陸最早使用『海上絲綢之路』的人，更多地限於航海活動領域的考察。一九八〇年北京大學陳炎教授提出『海上絲綢之路』研究，并於一九八一年發表《略論海上絲綢之路》一文。他對海上絲綢之路的理解超越以往，且帶有濃厚的愛國主義思想。陳炎教授之後，從事研究海上絲綢之路的學者越來越多，尤其沿海港口城市向聯合國申請海上絲綢之路非物質文化遺産活動，將海上絲綢之路研究推向新高潮。另外，國家把建設『絲綢之路經濟帶』和『二十一世紀海上絲綢之路』作爲對外發展方針，將這一學術課題提升爲國家願景的高度，使海上絲綢之路形成超越學術進入政經層面的熱潮。

與海上絲綢之路學的萬千氣象相對應，海上絲綢之路文獻的整理工作仍顯滯後，遠遠跟不上突飛猛進的研究進展。二〇一八年厦門大學、中山大學等單位聯合發起『海上絲綢之路文獻集成』專案，尚在醞釀當中。我們不揣淺陋，深入調查，廣泛搜集，將有關海上絲綢之路的原始史料文獻和研究文獻，分爲風俗物産、雜史筆記、海防海事、典章檔案等六個類别，彙編成《海上絲綢之路歷史文化叢書》，於二〇二〇年影印出版。此輯面市以來，深受各大圖書館及相關研究者好評。爲讓更多的讀者親近古籍文獻，我們遴選出前編中的菁華，彙編成《海上絲綢之路基本文獻叢書》，以單行本影印出版，以饗讀者，以期爲讀者展現出一幅幅中外經濟文化交流的精美畫卷，爲海上絲綢之路的研究提供歷史借鑒，爲『二十一世紀海上絲綢之路』倡議構想的實踐做好歷史的詮釋和注脚，從而達到『以史爲鑒』『古爲今用』的目的。

凡例

一、本編注重史料的珍稀性，從《海上絲綢之路歷史文化叢書》中遴選出菁華，擬出版百册單行本。

二、本編所選之文獻，其編纂的年代下限至一九四九年。

三、本編排序無嚴格定式，所選之文獻篇幅以二百餘頁爲宜，以便讀者閱讀使用。

四、本編所選文獻，每種前皆注明版本、著者。

五、本編文獻皆爲影印，原始文本掃描之後經過修復處理，仍存原式，少數文獻由於原始底本欠佳，略有模糊之處，不影響閲讀使用。

六、本編原始底本非一時一地之出版物，原書裝幀、開本多有不同，本書彙編之後，統一爲十六開右翻本。

目録

檳榔嶼開闢史　書蠹 編　顧因明　王旦華 譯
民國二十五上海商務印書館《史地小叢書》鉛印本……………………………一

檳榔嶼開闢史

檳榔嶼開闢史

書蠹 編　顧因明　王旦華 譯

民國二十五上海商務印書館《史地小叢書》鉛印本

史地小叢書

檳榔嶼開闢史

書蠹編
顧因明 王旦華譯

商務印書館發行

Bookworm 編
顧因明 王旦華 譯
劉士木 陳宗山 校

史地小叢書

檳榔嶼開闢史

商務印書館發行

序

余至檳榔嶼之第三年某夕，偕友散步檳榔律街頭，偶入一小書肆，得見書蠹(Bookworm)先生所編過去之檳榔嶼(Penang in the Past)一書，急購而藏之。逆旅天南日久，多病，且困於校務，屢欲從事譯述，而卒不果，至今引爲憾事。

歸滬日久，康健又漸回復。人生不過百年，終不能閑送韶光，一無成就。知友劉士木偶見此册，愛不忍捨，遂囑與王君旦華合譯成之。顧無出版機緣，遂漫置之。不意一二八之變，劉子藏稿盡付刼灰，而此册獨存，斯其價值誠貴同拱璧矣。急將原稿重事整理，並承老友劉陳二子悉心校閱，庶幾免於絕大之紕繆。

當余等寄寓檳榔嶼時，輒聞種種傳說；如云：拉愛德氏曾妻吉打蘇丹之女，而檳榔嶼即爲其妻之粧奩；檳榔嶼原係海盜巢窟，其荒凉一如未開闢前之香港；吉打蘇丹之輕棄是島，與廣東疆吏劉讓香港之心理無殊；方檳榔嶼之著手開闢也，荆榛塞道，瘴氣迷漫，馬來人畏死殊甚，工作進行遲緩，拉氏乃實印度銀圓於大礮中，一礮一斗，礮發則銀圓隨彈深入內地，而馬來人印度人及中國人之服役於斯土者，胥不恤生命以赴之；拉氏足履是島之頃，祇見居民十八人，中有華人三，俱係漁戶。今譯述是書既竟，知以上種種傳說，亦非絕無根據，甚望讀者於字裏行間，自尋興趣，爰並存之。

檳榔嶼最後探險之成功，家固爲拉愛德氏，然在伊麗沙伯后時代，蘭加斯德大佐航海東來時，因避風浪之故，卽寄艇於此。迨蘭氏西歸，而檳榔嶼地位之如何重要，海港之如何優良，及斯港之可恃爲根據地，以與葡屬馬六甲競爭香料市場，其說既閧動英倫人士，東印度公司之信用益以加強，而英政府東侵之慾望亦愈熾。於是拉氏投袂而起，告辭軍職，追隨一般青年之後，冀求東方之富，而卒底於成，然則拉氏誠造時勢之英雄哉。

夫吉打蘇丹之所以割讓檳榔嶼於東印度公司也，希望公司助以兵力，合攻暹邏緬甸。迨拉氏既據有檳榔嶼，而頓食前言，蘇丹遂連合各邦，大興問罪之師，以兵艦四百艘，礮百二十尊，兵士八千人進攻之，而卒不堪一戰，遽與言和。及聯軍既散，蘇丹突然復以少數艦隊與英人戰，其敗績之可立而待，固已夫人皆知，而尚責英人曰：『英之所許於吉打之口惠多矣，而其實不至』其愚誠不可及哉。

當檳榔嶼之尚未開闢也，謂除少數華人外，人跡罕至。方拉氏初抵是島也，祇有居民五十八人。考拉氏之接收是島係一七八六年。但不數年而居民已達二萬，中有華人三千。然則檳榔嶼開闢之始，我華人之來自馬六甲者既爲數甚衆，而服役亦甚苦，且其能力亦遠出於印度人馬來人之上。拉氏常言曰：『華人最堪重視，男女老幼約計三千人，凡木匠、泥水匠、鐵匠皆屬之，或營商業，或充店夥，或爲農夫，常僱小艇，運送冒險牟利之徒於附近各地。因華人以興利，可不費金錢，不勞政府，而能成功；故得其來，頗足自喜。惟其言語非他族所能通曉，善秘密結社，以反抗政府法律之不稱其意者，其人勇而敏，恐必爲禍於將來，但缺乏膽略，乘其叛志未萌，可重其賦斂也。華人牟利不倦，既得之，則與歐人相若，但知恣其耳目口腹之慾，並不待「腰纏十萬」「騎鶴」而返故鄉，每年輒以贏利若干匯寄家中。稍有積蓄，卽娶婦成室，度其單純不變之家庭生活，至於終老，隨在皆有師傅教誨兒童，亦有遣送男兒回國求學者。女子居家，防範甚嚴，至出嫁爲止；既嫁，乃大解放。華人嗜賭，無約束，以此敗家亡身者蓋比比焉』嗚乎！拉氏生於一百五十年前，其批評我華僑之個性之習慣，抑何酷耶！我僑其聽哉！留戀炎荒，不思故國，薰於利，奴於人，甚至甘心與異族同化，而終被他人所賤視！嗚乎！我僑其猛省！

當拉氏未爲東印度公司佔領檳榔嶼以前，荷蘭人已逐葡萄牙人而有馬六甲，維時僑民甚衆，商業亦極繁盛。自檳榔嶼開闢，而馬六甲之商業日就衰落，良以檳榔嶼地位之優越，固遠勝於馬六甲也。厥後來佛斯爵士(Sir Stamford Raffles)聞風東來，於一八一九年建設新嘉坡，而馬六甲之貿易益復一落千丈，幾失其東方重要商港之地位。然而英政府仍未忘情於馬六甲也，卒於一八二四年三月，以蘇門答臘易得之，而所謂海峽殖民地(Straits Settlements)者從此成立。於是馬來半島內地各邦悉受包圍，不五十年而先後服屬於大英帝國，然其開創之功，不得不歸之於拉愛德。嗚乎！拉氏亦人傑矣哉！

然而東印度公司之對於拉氏果何如乎？勒索絕援，百般牽掣，在東印度公司之心目中，以爲檳榔嶼開闢數年，不能遽爾獲得厚利，誠拉氏之罪。迨一七九四年十一月，拉氏死耗傳至印度，謂其遺產多不過萬五千鎊，加爾各荅當局深嘉拉氏廉潔之精神，此外毫無表示。烏乎！烏盡弓藏，死狡兎而烹走狗，固不第越王句踐已也。

檳榔嶼中西名稱之多，頗足耐人尋味。我友陳宗山曾著檳榔嶼異名考釋，節錄如左，以結余序：

檳榔嶼一小島耳，而嘉名肇錫，最爲紛歧。有爲人所共知，流行於衆口，時見於書報者。亦有爲常人所未知未聞，乍見而不審其卽爲此島之異名者。今就謭陋所知，列舉於下，並加詮釋，或足爲茶餘酒後，海客談瀛之資料也。

（一）檳榔嶼以盛產檳榔得名，此名最通行。然今本嶼檳榔並不甚多，豈已凋零斬伐殆盡，致名不符實耶？

（二）亦稱檳城。今關仔角駐兵之古堡，或卽以「城」當之，未審然否？

（三）一作庇能，此爲 Penang 之譯音。

（四）或更加「口」，其字作吡𫫇，則以道咸以前書籍凡涉及泰西人地之名，輒加「口」以資識別。如英吉利法蘭西……等字樣，皆加「口」字；滿清官吏奏摺，莫不如是。此幷含有鄙視輕侮之意，猶之清季官文書所書孫先生之名，皆作「孫汶」，改文爲「汶」，亦此意也。庇能之有口旁，當亦淵源於此。

（五）一稱新埠，夫本嶼之隸英，在一七八六年，距今已百四十餘年，何可言新！然此名之由來甚古，蓋在未爲英屬以前，華僑足跡已遍南洋；目覩英人闢此荒島，遂相呼以新埠。於斯益足證明吾僑南來之早，遠在此島開闢之先。或謂此名爲當時粵僑所創，未諗確否？

（六）一作彼南，此名出自日人，凡日人所書，皆用此名，蓋亦即 Penang 之譯音，與庇能二字音頗相近也。（以上爲漢字之異名）

（七）馬來人呼本嶼爲丹絨（Tanjong）。丹絨之音，用以稱地名者甚多，如此間之丹絨武牙，石叻之丹絨巴葛，霹靂之丹絨馬林……皆是。

（八）本嶼英文名今通作 Penang，而在昔亦作 Pinang。（在柑仔園之紀念碑，即寫 Pinang，今已罕有書此者。）

（九）又其全稱爲浮羅檳榔（Pulau Penang），Pulau 亦爲馬來音，其義爲島。故凡稱南洋各島之名多冠以 Pulau 者如英屬之浮羅交怡 (Pulau Lankaw), 登瓜島 (Pulau Jenggol)及荷屬之浮羅汝八(Pulau Rupa), 望加麗(Pulau Bengali) 浮羅馬龍 (Pulau Medang ……皆是,如此者幾不勝枚舉。在漢字譯名中有(一)全譯者如浮羅交怡「浮羅馬龍」是也。有(二)略去浮羅而不譯者,如只稱望加麗,而不曰浮羅望加麗。

(一〇)英人及英文地理書,常稱本嶼爲威爾士太子島(Prince of of Wales Island)。此中實有一段軼聞,爲島名之起源。蓋當一七八六年拉愛德與吉打酋長協商而得本嶼,英船入港,在是年之八月十一日,適爲英太子誕辰,(英皇室成例,凡太子均先封爲威爾士親王,即爲將來繼承大寶之券,)乃建英之國徽於本嶼,而名以威爾士太子島,藉作入港樹幟佔領之紀念焉。

(一一)英人又稱本嶼爲遠東之珍珠(Pearl of the Orient)。至於 Orient 之字義,略同於 Far East「遠東,」西人專用以稱亞洲東部。

(一二)又呼爲遠東之瓌寶 Gem of the Eastern Sea。

(一三)又呼爲東方之樂園(The Eden of the East)。至 Eden 之名,出耶教聖經創記,

序　七

——神話——或遥譯其音作「埃田」，義與 Paradise 正同，猶佛家所謂極樂世界也。（神話大意述開闢伊始，天帝摶土成人，乃有始祖亞當(Adam)夏哇(Eve)夫婦居此園中，今之人類皆其苗裔，語殊荒誕）今西籍竟以本嶼比擬「埃田」，雖似不倫，而足證歐人實醉心此地之清幽蒨秀，信乎物景移情之深有如是也。

區區一小嶼，而其異名紛歧若此，亦地理上罕有之佳話。記者孤陋寡聞，或未足以盡舉而無遺，所加詮釋，尤恐或蹈於謬誤；倘有殫見浹聞之士，樂爲糾正，固所願也。

顧因明

目錄

最初之探險家……一
蘭加斯德大佐……三
彌得爾敦爵士……八
司高德大佐……九
拉愛德大佐……一〇
少年時代……一〇
先見之明……一一
取檳榔嶼之計畫……一二
與約敦書……一四
與寶素若書……一五

蘇丹之態度……一九
芒克敦氏之使命……二〇
拉氏之退隱……二二
官僚之傲慢……二四
新冒險事業之放棄……二五
拉氏之結婚……二六
亞齊與尼古巴羣島……二八
檳城之佔有……三〇
雅各司高德之贊助……三二
麥克浮生志在檳榔嶼……三四
蘇丹之條件……三六
一封友誼的信……四一

致拉愛德之訓令……四三
與荷人以障礙……四五
東洋貿易之重要……四七
馬來亞之立足地……四八
功纔及半……四九
拉氏之日記……五〇
市塲之建築……五五
硬木……五七
以「栗棒」造城寨……五八
自由口岸……六三
拉愛德著手開闢荒島……六五
拉愛德進行建設殖民地……六六

格拉斯大佐之報告書……六九
鼓勵開闢森林……七三
第一次開闢……七四
格拉斯之短簡……七五
良好礦苗……七七
華工大獲其利……七八
不見石灰石……七九
非常宜於衞生……八一
土質……八三
沃土……八五
熱烈似的報告……八六
一隻「老狐狸」……八七

不堪鄰國之擾……八八
迫切陳詞……九〇
『容或有當』……九一
賜田契之格式……九二
寬大政策……九三
殖民地之建設者……九五
新路頭河之戰……九六
警察權及刑事裁判權之第一聲……一〇一
拉愛德報告殖民地近況……一〇三
改變方針……一〇四
拉愛德之意見……一〇五
鴉片貿易……一〇六

檳榔嶼開闢史

目前切要辦法……一〇七
規定準備時期……一〇八
刑罰……一〇九
華八君來島……一〇九
建築貨棧……一一〇
拉愛德對於殖民地之意見……一一三
拉愛德被控……一一六
要求加薪……一一六
殖民地近況及前途希望……一一九
本殖民地之目前計畫……一二四
附錄……一四七
吉打王宮述略……一四七
總督之贈品……一四八

荒島……一四九
三月以後……一四九
拉愛德之戀愛小史……一五〇
拉愛德要求棄商加俸……一五二
威爾士太子島之名稱……一五二
來佛斯之先鋒……一五三
一七八六年檳榔嶼割讓條約……一五四
一七九一年吉打蘇丹條約……一五六
一八〇〇年吉打蘇丹條約……一五九
吉打與英國保護……一六三
審竈與檳城官報書……一六三
蘇丹之條件……一六四
竟受其累……一六五
防衛吉打……一六五

奉表稱臣……一六六
強有力之同盟……一六七
恨深切骨……一六八
拉愛德之隱憂……一六八
有負蘇丹……一七〇
蘇丹之恐怖……一七〇
琴克錫蘭……一七二
宣告屈伏……一七三
處境危迫……一七四
出兵自衛……一七五
尙在希望中……一七五
自知受愚……一七六
蘇丹之信……一七七
強國之庇護……一七八

檳榔嶼開闢史

最初之探險家

在昔交通艱阻，東西迢隔，東方情形，西人鮮能道之，西半球人士僉以爲除其起居生長之地而外，別無洞天，所謂世界大地盡在是矣。其後有所謂探險航海家者出：馬哥孛羅 (Marco Polo) 即其中一人也。開歐人遠行好望角之先鋒，漫遊東方向無人知之海洋間，足履中華之境，入覲乎中華帝庭。倦遊歸國，將遊歷見聞，裒集成記，歐人讀之，好奇之心頓起，於是有加馬 (Vasco da Gama) 者，繼馬哥氏而興矣。加馬東航在一四九八年，蹤其後者，更絡繹於道，而以石圭伊拉 (Lopez de Sequiera) 及德類克爵士 (Sir Francis Drake) 兩人爲最著。石氏以一五〇九年與馬六甲蘇丹作戰見稱於史。德氏航海，豪勇過常，嘗挾不列顛國旗駛經馬六甲海峽而過之；並於一五七九年周遊世界，獲不朽之盛名焉。方其漫遊海上時，當已得見檳榔嶼地，獨惜史乘所載德氏航海之事實，絕不提及此耳。

蘭加斯德大佐(Captain James Lancaster)

蘭加斯德者，伊麗沙伯王后時代之大膽探險家也。英人勢力之及於馬來半島，實由蘭氏開其端。初蘭氏肄業於英國水手學校——此爲英國當時唯一之水手學校——既畢業，隨德類克環遊世界，數年後返國，則見英人正在積極整備與西班牙作戰；蓋西班牙自哥侖布發見新地後，稱雄海上，獨不慊於不列顛海權之張大，足爲己敵，欲掃除之，方得橫絕四海而無所顧忌也。故此次兩國之戰，實爲兩國海權之最後決賽。蘭氏追隨德氏之後，與西班牙人劇戰，卽當時所謂「無敵艦戰爭」(Battle of the Great Armada) 也。英人大勝；從此英人貿易勢力，擴張及於諸大洋海間，亦卽英人稱雄海上之濫觴也。

戰後二年，蘭氏乃率艦三艘，自普里茅斯(Plymouth)港口啓程，航海東行，時一五九一年四月十日也。蘭氏此行所費甚鉅，得伊麗沙伯后之特許，志在分霑香料貿易之利益，而不欲聽憑葡人之襲斷也，一五九二年之末，在其東航途中，駐足於非洲之桑給巴爾島(Zanzibar)。翌年二月，乃復啓程東下，沿途絕不停留，及六月而抵檳榔嶼東南之力毛小島(Pulau Rimau)。時正季候風流行，以蘭氏所駕小舟駛行其中，勢必招殃，而功敗垂成。蘭氏乃避入檳城海港，以待風勢平靜，再行繼續東駛；並料歸途山濤險惡，因令其全體船員脩治船隻，以備抵抗；又以廚中供應缺乏，令船員卽於此荒島上蒐集菜蔬等物以充實之。不料整備未妥，而多數船員竟以罹血枯症而致命矣。鮑納文揭(The Edward Bonaventure) 一船所載百餘人，僅存壯丁三十三人及童子一人，而船員已不及三分之一。死者之中，有一商人，爲隨蘭氏經商於東方者。至死者瘗埋之處，則既乏碑碣之可考，無從探索，要之總不致投棄於熱帶浪濤洶湧中也。船員云亡，頓失臂助，顧蘭氏處之泰然，自告奮勇，凡遇艱阻，輒更努力，其前進之銳志仍不稍餒也。

流寓荒島未久，情勢略見恢復，乃復入海。方其本厥初志，巡遊隣近海洋之際，遇一葡萄牙船隻，滿載香料，旣而又遇一船，載香料二百五十噸，第三船則載七百五十噸，蘭氏皆要而刧之，大獲而返檳榔嶼。當是時也，葡人築有堡壘於馬六甲，蘭氏旣掠取其三船之寶物，恐其乞援於馬六甲以圖報復也，遂駕舟西返，略停留於錫蘭島之加爾港 (Point de Galle)，以招募船員。途中駭人聽聞之事，復不一而足。及三舟安抵英倫，船員百有九十八人中，存者僅二十五人。然此入命大損失之慘痛，不旋踵間，竟渾忘於慶祝成功之歡宴聲中矣。

蘭氏既返國，縷述檳榔嶼地位之如何優良，如何利便，可以恃爲根據，進窺各地，可以隱伺葡人，劫其貨物，可以從事開闢拓土殖民。英人垂涎於東方之富源已久，今見蘭氏劫物之成功，又聞其言詞之明辯，竟爲所動，遂於一六〇〇年十二月三十一日，以三萬零一百三十三磅六先令八便士之資本，組織有名之不列顛東印度公司，其經營東方之素志，自此遂昭示天下矣。

迨至英人有事於東方之時機已熟，蘭氏被舉爲公司第一東航隊之司令，並由依麗沙伯王后委爲總督，遂於一六〇一年二月十三日自胡爾維克 (Woolwich) 啓椗，舟名「紅龍」(The Red Dragran)，載重六百噸，另有三船爲之掩護，而以邁勇之水手名大衞斯 (Davis) 者爲海員領袖，於六月間駛抵亞齊 (Archeen)。時英倫以戰勝西班牙，聲威已遠震東土，而亞齊人處於葡人苛政之下，恨葡人切骨，尤欲示恩於英，結爲友好。故當蘭氏登陸時，殷勤接待，並迎入土王宮闕，威儀甚盛。

蘭氏以英后名義作書通告土王，述其來意，謂英后願與其愛弟亞齊大蘇丹敦睦脩好。蘇丹亦惟恐招待之忱，容有未週，乃張華宴，窮極奢侈，以宴蘭氏等衆人。並令樂工奏樂，宮妃歌舞，服裝艷麗，寶光眩耀，蓋所以極嘉賓視聽之樂也。旋由蘇丹賜以短劍二柄，華服一襲，而盛宴始罷。於是蘇丹派貴族二人（一爲高僧），與蘭氏議訂商約辦法。談判逾時，初無把握，而蘭氏終爲其國人於亞齊爭得正式通商利權，欣幸無似。而葡人見英人成功之速，預料其必來問鼎於東方，而爲勁敵也，忌之，設法阻撓蘭氏與亞齊貴族談判，使不能成功。然而蘭氏精明幹練，足智多謀，何致陷入葡人之牢籠？且以行賄葡人出使亞齊之間諜，得悉葡方密謀，竟於馬六甲海峽中截獲滿載之葡船一艘，載貨有九百噸之多。因葡人之計，還治葡人，蘭氏之用心亦狡矣哉！

自馬六甲海峽大掠而回亞齊，蘭氏即整備返國。一六〇二年十一月九日「紅龍」遂啓椗，前往萬丹（Bantam），設立商館一所，復於摩鹿加羣島設立第二商場。工程既竣，乃駕舟返英。當其率領小艦隊駛經好望角時，風狂雨暴，危險萬狀，蘭氏等一行人衆，幾同歸於盡。蘭氏之冒險事業，亦幾瀕絕境，卒賴其航海術之精明，轉危爲安，得免於難。蘭氏當風勢猛烈，坐船正在下沉之時，草一函，託另一船轉達其國內主人，謂必使船貨兩全，其一種大無畏之精神，尤足欽佩者已。一六〇三年九月十一日，蘭氏乃安抵英倫。其運回之香料，價值數千磅，其稅額與亞齊蘇丹贈與依麗沙伯后之珠玉寶石之稅合計之，約在一千五百磅左右云。

蘭氏航海功成，譽遍萬方，而空前之大影響，遂由此發生：則卽商業競爭之猛晉是也。東印度公司雖成立伊始，而遠近來歸，競投資本，靡不信爲發財之捷徑焉。於是公司事業精進力行，日見發展，終得列爲全國重大社團之一。

蘭氏鞠躬盡瘁，爲國宣勞，功被不列顛全國。政府亦念厥勳勞，且幸得此尤物，遂封以爲爵士。嗚呼！蘭氏亦足以自豪矣！氏既渥承殊遇，富而且貴，優游林下，多年方死；死後其鉅產爲其後嗣所承襲云。

彌得爾敦爵士 (Sir Henry Midleton)

英國之第三東航隊，亦卽不列顛東印度公司之第二東航隊，則以彌得爾敦爵士爲司令。彌氏固一水手也，勇於進取，毅力堅強，故其東方之行，亦獲成功，滿載而歸，得厚報焉。東印度公司售其運回之東方貨物，獲利無算，投資者分得股息之大，殊出意料。此後東航數次，率有成就，而亦失敗一次，一船去而不返，一船爲暴客所毀，乃大堪致惜者也。然而不列顛東印度公司終不因此挫折而餒其志氣，駛往東方之船隻，仍絡繹於道，以從事懋遷。

司高德大佐(Captain James Scott)

當公司殖民東方之志已決，乃大感人才缺乏之困難；蓋其時英人對於馬來半島情形，尚皆模糊隔閡也。

有司高德者，向經商於馬來半島之吉打(Kedah)，時來東方，故對於東方情形較爲熟悉。聞東印度公司之需人也，遂自引薦，公司亦竟用之。而司氏獨昧於東方政事上之關係，貿然宣告於衆，謂殖民地應拓設於琴克錫蘭(Junk Ceylon)島上。琴克錫蘭者，即土人之所謂沙冷(Salang)也，屬暹羅王國，而司氏未之知，乃欲闢爲公司之殖民地，不亦荒謬也乎？拉愛德大佐繼之，述及檳榔嶼之關係，亦與司氏同病。

拉愛德大佐 (Captain Francis Light)

少年時代

拉愛德氏於一七四〇年生於薩符克麥爾頓附近之達靈好村 (Dallingho, near the town of Melton, Suffolk)。家世不詳，或謂氏未出搖籃，父母卽已見背，零丁孤苦，實世間一不幸之嬰兒也。幸有威廉內革斯(William Negus)螟蛉之，撫育之，得以長大成人。然則威廉內革斯何人乎？曰：卽法蘭西士內革斯副將 (Colonel Francis Negus) 之子，而密爾頓 (Milton) 之親屬也。在英皇佐治第一朝，身居高位，官爵貴顯。當拉氏童年時，已送入板橋之薩克福中學校 (Seckford's Grammar School at Woodbridge) 肄業。是校創立已久，成績優美，於今日英倫國立學校中，仍負盛名。拉氏在校，就性之所好，力之所及，以求知識，長學問，而其後轟烈之事業，顯赫之威名，卽於此基之矣。既畢業，即於一七六一年投身不列顛海軍中，在亞蘭茄(H. M. S. Arrogant)戰艦上充候補士官。四年，乃辭職，附東印度克蘭武(East Indianman Clive)船赴印度，追隨當時一般青年之後，以求富於東方。時拉氏年齡尚幼，而竟得當時不列顛東印度公司總督華倫黑玲氏(Warren Hastings)之信任，舉以爲往來貿易於印度暹羅及馬來亞各埠之國家船舶之司令。此常務而外，拉氏復任約敦蘇利文及竇素若(Messrs. Jourdan, Sullivan and de Souza)在馬德拉斯(Madras)所設公司之代表。此公司特爲當時多數馬德拉斯商人之貿易於吉打者而設，歷年已久，自一七六三年以來，在吉打立有鞏固之貿易基礎，且設有總公司焉。拉氏經驗豐富，識見卓越，且品性溫良，精於買賣，故既博一己之聲譽，又得土人之親信，且能說極流利之土語；以故土人中之顯貴者，罔不爲氏之摯友。

先見之明

拉愛德氏深信英人能於海峽兩岸獲得尺寸之土，以建設商業根據地，於不列顛商業發展之前途所關非細，且一時爲盡職效忠心所激發，遂於一七七一年八月十八日上書於馬德拉斯之主人。略曰：

『聞吉打蘇丹欲與公等合攻雪蘭峨人，事成，願以吉打海口及其左近堡壘爲公等壽。此舉所需兵力及公司所耗費用，蘇丹願任其半，且願與公等共享商務上之利益焉。

『公等須知此天與之賜，如不取之，必轉落於荷人之手。荷人而一旦占有其地，勢焰日張，能不將不列顛在海峽方面之商業勢力盡行排斥乎？願公等熟思而審計之。

『吉打港口水深可四尋，又無大砂石帶爲之障礙，將來加以改良，使臻完固，公司一旦有事，必大受其益。茲因事忙迫，未能詳述，迨至十二月間，定當以吉打港口圖寄呈台覽，並續陳一切焉。』

取檳榔嶼之計畫

一七七一年十一月二十五日，拉愛德氏再上書於其主人，詳陳一切計畫。文曰：

『自八月十八日奉書座右後，至今不獲與公等通信，實因近來諸事冗忙，無暇握管故耳。茲奉上蘇丹來信一紙，信中略謂如彼所提條件，公等引為滿意者，請速覆一書以慰渴望。蘇丹不但願將吉打海口奉獻公等且從海口起以迄檳榔嶼，皆願割讓焉。覆書朝至，則夕必舉國以獻，良辰不再，公等其當機立決，又何疑焉？

『我現住舊城堡中。為防禦意外，故已築有方形砲臺一座，如公等有意於此，可再另築一磚造之新砲臺也。砲臺扼處河口，雖小舟往來，必為所見，且船舶必須停泊於此，以起卸貨物，誠天然之良港也。蘇丹為其地唯一之商賈，他人非得其特許，不得賣買。然蘇丹以公等故，已將此項特別權利盡賜於我矣。為今之計，我等亟應籌備西班牙銀一萬五千元，半屬現款，半屬貨物，川流不息，以充經商之費。一得之愚，幸荷贊許，則請從速遣調印度兵隊，輸送軍需糧食，以資扶助，所渴望焉。

『凡從孟加拉（Bengal）及蘇拉脫（Surat）海岸運來之疋頭貨，均有銷路，而獲利最鉅者，莫如鴉片。我今經營此業，批發零躉，每箱各售西班牙銀八百元。公等能按照向例，參酌情勢，源源接濟，無論任何鉅額，可不患其不能銷售。

『現有來自特闌斯克排（Tranquebar）之丹麥船二艘，載有印度兵四十名，槍四十桿，以及軍需食糧。聞彼等此來攜有總督函件及奉贈蘇丹之禮物，要求蘇丹給以一通商口岸，自願縮派印兵三百人東來助蘇丹奪回雪蘭峨人所劫去之船隻及槍械。蘇丹答謂彼已將此間城堡海口及全海岸讓與不列顛國，非得不列顛許可，不能容納其他歐人。丹麥人計不得售，乃賂蘇丹左右要人使各般勤獻計於蘇丹；顧蘇丹明察過人，且知不列顛人獨稔，誰取誰舍，計之已熟，不爲所動也。』

與約敦書

同日（十一月二十五日）拉氏致約敦君書曰：『我來此後，從未他往，朱利亞人（Chulias），丹麥人及荷蘭人雖與我反抗，我終保持我之地位，不爲所動。朱利亞人經商所在，竭力排斥不列顛人，竟有寧願再被侵略於武喫人（Buggis）而不願英人建設殖民地於此之概。蓋彼等深知此地精華薈萃，富源暢旺，一經與亞齊殖民地聯合，則一切利益，必爲君等所得，而彼且蒙其不利也。

『從班特（Pedir）海岸運來之胡椒及檳榔，較之運往亞齊者爲多，來年一月一日我定當將胡椒，檳榔，錫及典瑪（Dammar）（樹脂）分裝本公司船二艘。他如蜜蠟，木材及藤之屬，如有需要，我亦可運輸前來也。此地產生一種木材，質堅而蟲不能蛀，宜於建屋。倘有黑木及他種木材，用途亦正相類，暫不一一詳述。』

與覽素若書

覽素若者，拉氏主人之一也。拉氏亦致以書，陳述意見，促其接受蘇丹之建議。其言曰：

『我仗主東之威信，膽大妄爲，竊自引咎，今則非奉有正式訓令，不敢冒昧進取矣。然此埠實爲海峽方面之良好市場，我受領其地條件且較亞齊爲優，人能細察及此，或不我責也。蘇丹與我均願一知君等之決議如何。蓋既恐蘇丹之更變初衷，違背前議，使我等蒙坐失良機之恥辱；尤恐此埠落於他人之手，致不列顚商業全部受莫大之損失。苟荷人而佔有其地，則必稱霸於海峽。良因吉打海岸有一河流，水漲及半，堪通巨舶，且有檳榔嶼爲其屏障，故無論何種氣候，船舶往來，絕無風濤震駭之虞。秀麗澄清之海峽，介乎吉打與檳城之間，水深自七尋至十四尋不等，船隻可隨時往來其間，平安穩妥。猶憶君嘗謂若於檳榔嶼建造一屋，其爲用必廣，此無他，以歐人輪船多寄泊於此故也。其地木材，水量及食糧，皆頗充足。他如錫，胡椒，檳榔，藤及燕窩等物皆產之。自澳門來之船隻，每喜下錨於此。其他船舶經此海峽所需各物供應裕如與在馬六甲無異。如大公司（指不列顛東印度公司）中人不能打起精神乘機出動，則其地屬大公司，與屬本公司（指馬德拉斯公司）果誰爲適宜，憑君自決之矣。實則此事何難？只須派遣三五歐人，率領印兵若干，令助蘇丹以抗雪蘭峨人足矣。助以兵力而外，可不費一片之錫，一粒之胡椒，檳榔或典瑪，而能舉事者也。

『公司中人苟謂助蘇丹以抗雪蘭峨人爲多事者，則可用總督名義，援助蘇丹恢復其人民所失之財產。假我以權待時而動，丹麥人，荷蘭人，法蘭西人均將莫我奈何也。至於馬來人方面，則今蘇丹在世之日，不足介懷。蘇丹固聰明睿智，不爲浮言所惑，且深知不列顛不但能助其南征雪蘭峨，並能爲之北向而禦暹羅也。故關於檳城及大年（Patani）方面，吾所望於君等者，無非今日勿失良機，致將來馬來海岸上無我人立足地耳。

『君等經營亞齊以來，所費殊鉅，今而失之，公司且覆亡立至，此亦大可引爲炯戒。要知欲與馬來人結合，休戚與共，非假手於武力不可；約言盟誓，雖恭而有禮，結果終歸無效；若脅以威勢，則知所畏懼，而表示忠順矣。我實告君：在亞齊，在此間，或在東方無論何地，非威令嚴明，不足以拓展殖民地。故哈洛（Harrop）而能善用其威權實力，則亞齊今日之紛擾，無患其不能消除也。公司苟不忍放棄亞齊，何不請命於總督及議會，頒給護照，遣派代表前往，假以相當之威權與兵力，以保護生命財產，使不爲他族所侵凌。雖一紙護照，決不能增加代表及在彼不列顚僑民之權力，顧其名義已足鎭懾巫人，使翕然來服，而解除一切糾紛矣。

「苟總督而願設立法庭於亞齊，並任哈洛爲法官者，必當予以威權，務使能左右朱利亞人，遇有擾亂分子，則驅之出境。亞齊人民皆自知其全部商業惟沿海船隻是賴，總督如果授權於哈洛，厚其勢力，彼必莫敢誰何也。設本公司贈象於總督，君以爲能邀其受領者，我當送上一頭，所費不鉅。君如有意於此土者，我必力說蘇丹，使上書總督，並致隆儀，以便於必要時可乞其援助也。

「所陳各節，務望與有關係各方會商進行，且反覆詳言此埠得失之利害。如能得其同意，幸即賜以援助，並儘量供給以鴉片及其他各種貨品。

「最後我不得不再鄭重聲明曰：我在此間所亟需者無非兵力，我之所欲，蘇丹無不准許之。」

拉愛德大佐

此拉愛德大佐致竇素若之函也。各項意見，無不剴切言之；顧以種種原因，從未採納。

上述拉氏之信，皆非直達總督，乃寄交彼所代表之馬德拉斯公司者，考其內容，皆係拉氏自動的主張，初非對於其主人方面探詢之答詞也。而當時印度政府欲建設新殖民地於海峽或海峽左近之計畫，料已爲氏所覺察，則似不容疑議者矣。

蘇丹之態度

就吉打蘇丹言之，其獻地乞援之議，初非迎合不列顛東印度公司之需求，實爲自身計也。緣蘇丹境內因家族間樹黨相爭紛擾已久，卒至一黨起而謀叛，放逐於雪蘭峨。雪蘭峨蘇丹與吉打蘇丹雖有昆弟之誼，而夙相仇視，因遂庇護放逐之叛徒，一七七一年初且受叛徒之唆使，舉兵攻吉打，掠其首都，蹂躪各地。吉打蘇丹怒甚，顧終以絀於財力，不能興師復仇，於是遂乞援於拉氏等所代表之團體矣。

初拉氏未接蘇丹確定之提議，蘇丹已函達馬德拉斯，請求公司助彼拒敵，而公司徒以顧全友誼之浮詞，掩飾其拒絕之態度；故蘇丹之所以獻議於拉氏一人者，或以其先失敗於與公司直接交涉故也。究屬如何，姑置弗論。要之自有蘇丹之策劃，而東方貿易頓改舊規矣。

芒克敦氏 (Hon. Edward Monckton) 之使命

馬德拉斯官員初尚未悉吉打發展之可能，今乃決向吉打亞齊雙方並進。遂遣發使者二人，命芒克敦赴吉打，疊浮 (Des Voeusc) 赴亞齊。芒氏赴吉打之使命，爲向蘇丹提出條件如下：

「公司既許蘇丹以援助，蘇丹應酬公司以吉打之海權或關稅權，以充公司於必要時出兵之費用。至蘇丹之零賣商業，公司並無染指之意，以公司知此零賣商權之半，蘇丹已讓與拉氏之主人，並許彼等以建築堡壘所需之基地，及派委代表到彼時之一切供應，而與之締立商約，訂定拉氏之主人每年例須按照固定價格供給蘇丹某種貨品各若干，一方面蘇丹則以錫，蠟，胡椒，象牙及他項大宗出品報之，以供運銷中國市場之需。」

公司告芒氏，謂萬一關稅全權之要求，不見允於蘇丹，至少須將其關稅之徵收權移交公司，一俟軍費淸償，公司當向蘇丹報賬也。觀上所述，可知印度於亞齊採用同一計畫，設立商場之目的，無非欲使兩殖民地互相策應，互相扶助也。其叮嚀芒氏之言曰：『我等志固不在大擴疆土，而在經營商業，故商場四周之地，凡屬商業之安全上及利便上所必需者，既均歸我掌握，本可無事他求，今據拉氏來函所稱，蘇丹曾願將吉打口岸與其國全境，達於檳榔嶼為止，悉舉以為獻，設蘇丹態度今日依舊不變，而不取之，反足以滋紛擾於將來者，則雖取其全境亦無妨也。』

迨芒氏抵吉打後，乃知前途尚有障礙。蘇丹初則不欲與芒氏相見，既見之，則以為此老大非易與；蓋蘇丹當時所急欲知者，無非援兵何時可至，與之共抗雪蘭峨人耳。其後蘇丹察知公司無援助之之意，遂婉告芒氏，謂彼可留居海口，援兵不至，地不能割也。芒氏則答曰：『地不割，吾不能久居於此矣。』蘇丹曰：『君能如約，甚善，惟暹羅王曾嚴以詔我，謂任何歐人，不准移居此土，然則我可不勉從其命乎？』芒氏淹留不去，冀欲有以激動蘇丹，蘇丹竟為所動，允以條件割讓土地。而馬德拉斯官員知蘇丹對於條件不肯讓步，必欲公司出兵助之以抗其敵人也，乃大謂不然，對於蘇丹之獻計，遂嚴行拒絕。

拉氏之退隱

公司與蘇丹間之交涉，拉氏頗施臂助，從中斡旋，而今情勢陡變，不禁悲從中來，遂退隱於琴克錫蘭，與馬來人爲伍，從宜從俗。

時則芒克敦氏方作廖內及丁加奴之行，以勘察殖民地爲目的。丁加奴蘇丹許其開拓殖民地，惟以助其恢復所失於柔佛蘇丹之領土爲條件。芒氏對此，又不知所措。故於接受赴亞齊之使命後，遽返印度。至其亞齊之行，聞亦失敗云。

芒氏之旅行記事饒有興趣，以其中記有拉愛德氏退隱後新生活之一斑也。其述及拉氏之處，有曰：『拉君以商人資格，於五月間往居琴克錫蘭，大受該島總督及諸要人之歡迎。拉君曾託駛往該島運錫之台開維爾（Tancaville）船寄余書，略謂暹羅王曾遣使往該島，欲廢總督及諸要人，島民皆助總督，遂被圍於一小園內，拉君亦在其中，絕無槍械軍火，而暹兵圍攻之者，竟有一二千八之名，謂非得我助若輩旦暮且一一就戮矣。且謂島內諸要人祇須得公司之保護，任何條件，均願應允。然余未得上峯之命令，不敢冒昧從事，惟令韋特朋大佐 (Captain Wederburn) 泊艦島旁，發砲示威，冀出拉君於患難耳』此卽拉氏在琴克錫蘭被困之寫眞也，記中言之綦詳，至述及吉打時始止。

官僚之傲慢

但關於吉打交涉全案，仍有待於馬德拉斯行政官員之議決。其議決文一件，實足爲官場傲慢之鐵證。其言曰：「吉打情形，述者殊多訛謬，雖在蘇丹保護之下，我輩亦未嘗不可假手於我在彼之商場，以期獲利，蓋吉打實一商業繁盛之港口也。凡諸事實，皆足以表現彼碌碌無能言無誠信者之傳聞，絕不足恃。大抵僱員之商於其地者，每以虛僞不實之談，淆惑其僱主之聽聞，徒求自身之蟬聯舊職，百般牟利，雖有損於僱主，亦所不顧也。」嗚呼！拉愛德君之才之志，足以邀譽於印度者，豈在是乎？馬德拉斯之傲慢官僚，誠能稍具勇氣，聽從拉氏之勸告，直可與拉氏共享不朽之盛名；而乃畏葸退縮，目光如豆，卒使拉氏之榮譽，不即及於子孫，而彼等亦因之而湮沒不彰，悲夫！

新冒險事業之放棄

芒克敦氏吉打之行既失敗，建設殖民地之計畫，暫告停頓，僉以爲時機未熟，不利於經營新冒險事業，所需費用之鉅，亦足令人裹足也。且適當華倫黑玲氏秉政於印度時代，急謀改組不列顛之東印度貿易公司爲印度帝國之統治機關。及一七七二年而黑玲氏遂公告其著名之宣言於世，謂不列顛東印度公司從此決將自命爲孟加拉之治理者矣。黑玲氏爲欲實行其宣言之故，專心籌備一切計畫，汲汲遑遑，他事遂均暫置弗問；故於馬六甲海峽籌設港口之議，寂然久之，實則此不特足爲不列顛船舶庇護之所，抑亦足爲其商貨屯積之地也。

拉氏之結婚

在此沉悶時期中，拉愛德氏以商人資格活動於馬來各地，即在琴克錫蘭之總公司中，與馬來人及暹人頗相交好；時該島已決由馬來人及暹人輪流治理矣。居琴克錫蘭不久，拉氏即與馬丁娜羅剎兒（Martina Rozells）女士結婚。（一七七一年）女士家世，論者不一；顧以其戴有葡萄牙之姓氏，多斷爲係暹葡或巫葡之混血種。生有子女數人，中以威廉拉愛德副將（Colonel William Light）爲最著，乃即南澳測量隊之第一任隊長，亦即花園城（Garden City）之創造者也；花園城者，蓋即南澳首都哀梨（Adelaide）之今名也。

拉愛德氏雖自歎命運之偃蹇，然在早歲經營事業時，所抱扶植英倫勢力於馬來亞，以建設鞏固之根據地之壯志，從未消沉，久且彌篤，含辛茹苦，日以馬六甲海峽之領袖人物相結納，爲不列顛人博取誠實尊榮之美譽，確立其信用於巫人之間，蓋深知其地將來之命運何如，而自任以鑿山開

道之責任也。嗚呼|拉氏之用心亦良苦已。

亞齊與尼古巴羣島

英人對此問題，並未全然忽視。一七七八年二月，有蘇利文（Lawrence Sullivan）者，獻議於不列顛東印度公司之董事部，述其建設殖民地於亞齊及尼古巴羣島（The Nicobas）之計畫。且曰『此兩地早當歸我不列顛人掌握，得之可以排擠荷人法人因爲吾人最大目的之所在；而藉以得貴重之商品及航務上之利便，尤爲吾人所盼望者也。亞齊既得，則馬六甲海峽之航權，泰半入我手中，而皇家船隻且可不時寄寓於斯矣。』作此書者，或即爲拉氏於一七七一年所代表之馬德拉斯公司之股東，故拉氏當時亦略知此項提議之內容，或即知自蘇利文本人，或自其他股東探得其消息，均難確定；然拉氏竟爲其所激動，可無疑也。遂於一七八〇年，方其航海作行商，寄寓於加爾各搭之際，謁見華倫黑玲總督，以佔據琴克錫蘭之計畫進言。拉氏居之久，於地方上頗有勢力，故力言其計畫有成功之可能。告以財政拮据，不能實行，則謂佔領所需之費，可向公衆捐募得之也。總督贊同拉氏之計畫，方整備船隻，調集軍隊，以備出動，而英法戰爭，迫於眉睫，政府之接濟告絕，商人亦不願於戰禍將發之際，助以捐款，於是進取琴克錫蘭之計畫，又不得不暫時擱置矣。考拉氏之論點，其所以能感動政府，而使之採用其計畫者，以其察知政府中人正苦於荷人之厲行侵略政策。思有以抑制之，遂因勢利導，即以此爲其提議之意見所在，目的所在；蓋荷人實欲到處排擠英人，務使不能染指於東方貿易。荷蘭政府且函告廖內及雪蘭峨蘇丹，絕對禁止其與不列顛人通商；拉氏嘗親見此項函件，固證據鑿鑿也。拉氏爲黑玲氏言之，黑玲氏切記於懷，及一七八四年，即乘間派福勒斯大佐（Captain Forest）前往，委其建設不列顛殖民地於廖內。不料荷人探得密報，利用其故智，先發制人，福勒斯大佐之行，遂無結果。同年有金洛克（Mr. Kinloch）者，奉同一之使命，前往亞齊，卒因土人之仇視，亦未獲成功而返。

檳城之佔有

拉氏知覺靈敏，因時勢之要求，決於荷人窺取檳榔嶼計畫未具以前，先發取之，仗其老謀勝算，遂使向所垂涎之檳榔嶼，由吉打蘇丹之手，轉移入於英人手中。要知今茲之蘇丹，已非與拉愛德及芒克敦兩人於一七七一年交涉談判之蘇丹，乃係前蘇丹之子，爲一婢女所生，竟得立爲嗣子。前蘇丹之弟嫉惡之，鄙視之，目爲篡奪焉。與蘇丹協商既竣，氏乃前往加爾各搭，提議佔領檳榔嶼或琴克錫蘭兩地，可任取其一，其意見已述一七八六年二月十五日之函中，文曰：『我知政府曾向吉打蘇丹要求檳榔嶼，未得要領，我故得總督之同意，利用我在蘇丹及其大臣方面之勢力，爲公司取得檳榔嶼。是島位於北緯五度二十分，有良港在其東，水量頗深，土質柔軟，其北端入口處，寬不及一哩，可築堡壘於本島或大陸上，以資防禦。其地饒有淸水，木材及野牛亦多；港口四週，魚類繁滋。與檳榔嶼相隔一衣帶水之大陸，有人居之，盛產米、牛、羊、鷄、禽之類，船隻由茲往中國，頗稱利便；且馬六甲所有各物，此地亦應有盡有。馬來人武吃人（Bugis）及華人皆將移居於此，若不課以稅率，加以限制，且將成為東方之大貿易場矣。若能駐劄公使於其地，則其地一切情形，及東方貿易之利益，政府不久當能知之詳確，且可締結對於公司和戰皆有利益之條約也。

『吉打蘇丹現正求與公等結為盟好，已託予呈上其檳榔嶼割讓證，並附各項要求，公等已有稿本，載明說明及附註，希審察焉。

『根據以上所述，及五十年來航海名家之經驗，則任何國家於印度西岸保有廣大之領土者，若能據有此島，必獲莫大之利益，亦昭然無疑矣。是島在北方季候風中所據地位，尤較孟買為適宜，凡屬海軍將佐，類能知之，故艦隊可於十二月內自此駛往馬拉咨海岸（Malabar Coast），或戈羅麥狄海岸（Coromandel）或孟加拉灣之任何口岸，皆迅速利便，若在錫蘭或孟買，則非所能矣。故若東方貿易而果能裨益於不列顛殖民地，或中華貿易者，則佔有一適宜之口岸，為我國商船與東方商賈接觸之所，於今益見其重要矣。檳榔嶼既經佔有，實行開拓，琴克錫蘭亦未必不可據而有之，泊船舶於其地，從事建設規模，或大或小，可以獲利之鉅細為準繩也。』

雅各司高德之贊助

拉愛德氏進取檳榔嶼之議，其友司高德竭力贊助之。拉氏於後此數年中，以經商於檳榔嶼，與司氏關係頗爲密切。司氏者，一誠樸之老水手也。舉凡一切官場虛文積習，雅非所好，嘗於其信函中自白其爲人語多坦直而極饒風趣。在其一七八五年十月二十八日信中有言曰：『設有問雅各司高德爲何如人者，我於此可先行答復之曰：『司高德爲一市場逐利之夫，竭力奮鬬，冀有以償其因戰事而所負之債務，蓋不過一商店之主，初未有赫赫名；但若其遭際之不幸，或竟因而有裨於國家前途者，則彼且引以爲慰。』次述及琴克錫蘭島之割讓條件，忽提及芒克敦氏之使命，則轉述吉打蘇丹接見芒氏時之言曰：『公司果無人耶？何遣此乳臭之口訥童子來此爲？』復次談及開疆拓土者應具之目標，亦饒興趣，其言曰：『近來世人頗以多得黃金寶玉爲人生目的，不亦謬乎？此種思想，充塞腦海，復受印度奢侈風俗之薰染，一旦置身森林之地，無一處比可得，則必歸罪於其地之不良，而發生爭端。其人「掛布」(Drapery)之風，見之已足生厭，而又以倨傲爲侮辱，百計圖報，則更不勝其煩擾，勢必相率引去，復何拓土殖民之可言？』最後乃得其全函之要旨。其述芒氏失敗之原因曰：『欲免除此等障礙，此等困難，必先物色一適當之領袖，務必鎮靜堅忍，精明幹練，奉公愈勤奮者愈佳；而尤貴具有世界眼光，有以異乎普通英人者，秉其寬大之氣度，以研究人類羣生，雖與「掛布」之人相接，亦能虛心考察，得其所求之事物；見身穿「綸裙」(Lungey)(介於兩腿間之布，疑卽紗籠。)之王，仍以王禮待之；且能斫榛莽，啓山林，以闢繁盛之區，蓋殖民之始，百端待舉，非急切所能興利也。』此卽司高德氏全函之要旨所在，其心目中所指之領袖人物，蓋卽拉愛德其人也。

麥克浮生志在檳榔嶼

上述司高德之函，約舉拉愛德計畫之大綱，竟發生所求之效果。總督華倫黑玲氏已返國，繼任人物康渥利斯公（Lord Comwallis）尚未戾止由議院元老麥克浮生（Sir John Macherson）代拆代行。接讀司氏函後，卽召之往商議進行計畫。麥氏主張與華倫黑玲迥異，意欲開闢檳榔嶼爲殖民地，而無意於琴克錫蘭。既深信檳榔嶼之獲得，爲促進不列顛貿易及開闢疆土方面絕對不可少之步驟，遂商之於議院同人，竟得一致贊同。吉打蘇丹亦漸知不列顛政府之意，欲建設商港於馬六甲海峽也，復於一七八四年貽麥氏書，以堅其志。其文如下：

『今以無上上帝之名，奉書總督座右：老夫忝居吉打蘇丹之位，謹從上帝威令，總攬國是，敢以至誠作此書，與大智大能深明科學兼精海陸戰術之我友印度總督孟加拉王耶穌基督之第一信徒永結友好，恆如日月。日前拉愛德大佐來，謂我友欲得檳榔嶼，我卽許大佐懸貴公司旗幟於是島，作爲經營貿易，脩治戰艦，及接濟木材飲料之所，且告以我之所冀望於彼者；幸邀大佐之注意。並蒙採納，今宜從速遣人佔領檳榔嶼，而作久居之計。凡爾器具財物，島內有所不給，吾吉打當盡力供給之。」

蘇丹之條件

前函所載蘇丹要求於印度政府之各項條件，約略如下：

（一）不列顛東印度公司應司海上保護之責，來攻蘇丹之敵人，即爲公司之敵人，軍需費用，應由公司擔負之。

（二）一切船隻或大舶，或小艇，或來自西或來自東，凡駛至吉打口岸者，公司所派之代表，不得施以阻止，須聽其自由行駛，或與吉打口岸通商，或與檳榔嶼貿易，一任自擇。

（三）凡鴉片、錫、藤等物，爲吉打一部份歲入之所自得，曾經禁止入口而出產此等物品之高仔武勝（Kuala Muda），新路頭（Prai），吉連（Krian）及其他各地，與檳榔嶼相距如是之近，則公司之駐劄公使來此後，必將屢犯禁例，自在意中。爲今之計，應將禁例取消，而爲賠償吉打因而所受之損失起見，公司每年應償以西班牙幣三萬元。

(四)公司派來之代表，設貸款於蘇丹之親戚大臣官吏或人民，蘇丹概不負償還之責任。

(五)本國無論何人，雖爲蘇丹之子若弟，如與蘇丹爲讎，亦必視爲公司之敵，公司若予以庇護，不加之罪，當以違約論；而此條約之有效時期，一如日月之恆。

(六)若有敵人來侵蘇丹境地，公司應助以兵力槍械及軍需，不得拒絕。一切費用由蘇丹償付之。

拉愛德大佐對於上述蘇丹之各項要求，一一發表意見如次：

(一)此項條件，驟觀之，或以爲所求頗奢，需費殊鉅但詳加考慮，乃知大有利於公司也。蓋其地之海防權，捕魚權，從此可歸公司掌握，而公司且可雄霸一方，不容其他歐人之置喙於其間也。我人以保護公司之守衛兵保護其地海岸，兵力不患不足矣。而公司既盡此守衛之義務，則凡在蘇丹領域內之港河島嶼，公司可要求經商，採林汲水，捕魚及來往之自由權，且可於各島各區，試探礦苗而採掘之也。

(二)此項條件，似屬必要，以免臨時兩方意見不洽，致發生強制行爲，而蘇丹之人民，有不利於初到外人之舉動也。公司所派代表在蘇丹領域之任何地方，當可得蘇丹之特許，購辦食糧各物，以供檳榔嶼船隻之需，而得免抽稅。船隻之駛往檳榔嶼者，無論大小，可不受蘇丹小艇之阻止，如欲寄泊於各口岸，亦可不受扣留或課稅之苦，而來去自如也。

(三)此項爲蘇丹之特權，亦可瞭然。蓋除蘇丹所委派或任命之商務官或代表外，皆不准向船隻購買鴉片，或買賣藤錫等物。以上各物，利源殊鉅；顧凡課有重稅之貨品，私販偸運，在所不免，冒險既大，獲利亦厚，而蘇丹乃受重大之損失，故蘇丹願得西班牙幣十萬元之代價，將此等貨物之買賣特權讓與公司。

(四)蘇丹之所以加入此項條件者，因芒克敦君在吉打時，曾強迫蘇丹代人償債也。然不貸款於人，則不能經營大規模之商業，故公司所派代表可按照其地慣例，捕拿抗債之人而沒其財產。蘇丹及其子則不貸之以款。

(五)與(六)此兩項條件，爲蘇丹欲與公司聯盟之主要原因。條約上之措詞，務宜審愼，所謂敵人，果挾有賊害蘇丹而覆其社稷之心乎？抑僅對於蘇丹及其大臣有所不慊乎？自應察其究竟，詳加分別。凡人民之託庇於公司旗幟下者，公司應盡其保護之責，惟罪大惡極，公司與蘇丹均不能予以優容加以保護者，則當爲例外凡賣國殺人僞造等罪，皆屬此類。奴役爲其主人財產之一部份，應歸還故主。人民若因逃避其債主而來居於檳榔嶼，債主向駐檳榔嶼公司呈報後，對於其債戶應有之權力，與在吉打無異；檳榔嶼居民亦得享此特權。凡公司逃僕，不論歐人或印度人，概當交出，駐檳榔嶼公使可派文官或武官一人，會同蘇丹之官員二人，委以搜捕逋逃之權。無論何國歐人，非得孟加拉參議院總督或其駐檳榔嶼代表之執照，蘇丹不許其居留境內，亦不許公司破例容納歐人或美人。蘇丹不得公司代表之許可，不得與外國締結攻守條約。非有寇至，亦不當於未得參議院總督許可以前，遽自宣戰。

印度政府對於吉打蘇丹各項要求議決覆文如下：

(一)本政府當常駐兵艦一艘於其地，以防衛檳榔嶼及其附近海岸之屬於蘇丹者。

(二)凡船舶之駛向吉打者，公司代表或委託人皆不得予以阻止，一任其自由與吉打蘇丹通，商或與公司代表通有無。

(三)不列顛東印度公司參議院總督應審愼行事，務使蘇丹不因不列顛之建設殖民地於檳榔嶼，而受損失。

(四)公司所派之代表，或檳榔嶼居民之託庇於公司下者，不得向蘇丹追求其親戚，大臣官吏及人民所負之債務，惟債主得按照本地慣例，拘捕債戶，而沒收其財產。

(五)檳榔嶼居民之屬於吉打蘇丹者，不幸而爲蘇丹之敵人，或犯叛國之罪名，不列顛人不得庇護之。

(六)此項條件，須連同其他蘇丹要求，非得公司裁可，不能卽予允從者，交由不列顛東印度公司查核，聽候命令。

一封友誼的信

印度政府答覆吉打蘇丹之文既如上述，印度代理總督麥克浮生復手草一信，送達蘇丹，其文如下：

『蒙惠書，內載割讓檳榔嶼於不列顛東印度公司一節，已於一七八六年二月六日由拉愛德大佐轉下，收到，勿念。

『拉愛德大佐且告予以吾友亦卽吾弟所要求之各項，予與吾友夙相愛好，情感亦厚，茲已將所要求者轉達英倫及不列顛東印度公司請示矣。

『茲先派拉愛德大佐代表公司前來，囑其懸掛公司旗幟於檳榔嶼，以防衞該島抵拒外寇，並特遣艦來島守衞，且保護吉打海岸。

『竊謂凡船隻及商品之來檳榔嶼者，不必課稅，或予以限制，似可聽其來往自由也。設吾友或竟因不列顛東印度公司之開闢殖民地於檳榔嶼，而受損失者，則吾當考慮其事，設法補償，不使吾友亦卽吾弟有所不利也。

「對於拉愛德大佐，予已訓誡備至，萬望吾友眷念吾不列顛東印度公司之友愛情殷，及其僱員行爲之端正，而深信勿疑，則幸甚矣。」

此娓娓動聽之信函外，附有禮物數色，代理總督麥氏堅請吉打蘇丹領受勿卻。吉打蘇丹接到函件禮物，遂允割讓檳榔嶼於不列顛東印度公司，以便呈請倫敦董事部（Court of Directors）核准；而公司每年須付蘇丹西班牙幣六千元，且須常駐一軍艦於馬六甲海峽，以防衞吉打及檳榔嶼海岸，使敵人聞風匿跡，一切費用由公司撥付之。

致拉愛德之訓令

一七八六年五月二日，拉愛德接到訓令一函，其文如下：

『吾人就目前時勢之需求贈君數語此後不列顛東印度公司另當委君爲檳榔嶼總督，統轄海陸兩軍，治理歐印居民，而惟董事部之命令是從也』

『此事之成功，端賴指導者行爲之良好，而在此幼稚時代，尤不可不愼。以君才識卓越，主持其事，吾人深慶得人，君固足智多謀，富有航海經驗，深知馬來王族之意見性情與言語。吾人因此心雄氣壯，深信以此事全權託君主掌，必能成功也。關於開闢檳榔嶼爲殖民地，建設口岸，以供船隻停留及修理之用一節，既述其大意，試再就商業方面論之。

『方其始也，愼勿與馬來王族或荷蘭人發生爭端。及該島已正式佔領，大致就緒，則外寇來侵，當拒之以兵，藉資自衞，職是之故，望君築一防禦之所，以君所有之少數兵士駐守之，以防敵寇。萬一，遇有擾亂事端君宜儘速向公司及印度各大區告急，以便設法馳援。

「吾人深望君能儘力設法通告馬來各酋長，使知檳榔嶼之建設及商務之促進。因為此之故，吾人今授君特權，一俟王子亨利艦(The Prince Henry)之食糧及軍隊均已登陸，即派該艦攜同隨來之函件，駛往亞利親王(Rajah Ally)處，亞利本廖內之王，蒙塵在外，吾人知其今在婆羅洲南岸之蘇吉丹(Succadana)也。」

與荷人以障礙

倫敦董事部接到一七八六年一月二十五日拉愛德大佐佔取檳榔嶼之計畫書後，以爲正合其拒阻荷人侵略政策之志，立卽批准，送公文於印度政府，授以大權，令當機立斷，不必聽命於本國。其文曰：『吾人不欲擅與荷人尋釁，亦不欲公然攫取香料貿易之利權，以啓荷人之甚嫉，但願竭智盡謀，以發展我商業於東方各島，而因以擴張勢力及於中國；亦願施行與歐洲列強條約無礙之各項策略，以撫慰土人，得其愛敬，並勸以重視英人，引爲友助；故願審擇妥善之方，陰助各國，共禦外侮，使克保其獨立自由之權。而吾人所特欲爾等注意者，則在籌商審愼易行之策，以助雪蘭峨蘇丹；雪蘭峨蘇丹與吾人素稱愛好，今若助之，必能要譽於其他馬來酋長，而獲得其愛敬契重。

『荷人獨占馬六甲海峽及巽他海峽兩要道，一旦戰事發生，吾人所受損失如何，姑勿具論。今應宣布種種計畫，採取公然仇視態度，以助土人攘除外侮，而勸其與我通商。至若吾人所具之目的，將舉以直告荷蘭政府乎？抑聽其潛自進行，發生效力，乃白於世乎？其得失損益，仍願公等裁決之。」

東洋貿易之重要

「東洋貿易，頗堪重視，既可假手於經商之術，以伸張我經濟勢力於中華，又可藉此震撼荷人，使不敢擅與華商尋釁。卽或有之，吾人正可乘機突起，打破荷人專利香料貿易之權，而分霑其利。吾人所以渴望建設根據地於朴支海峽（Pott's Straits）左近，擇定優良地點，闢爲港口，庶幾船舶行經海峽，不患無寄泊接濟之所，卽一旦戰禍發生，進退既便，作戰自易，而吾人之目的達矣」。

馬來亞之立足地

於是英人插足於馬來亞境內之計畫，遂得官場之贊助，而開始進行。而拉愛德知友司高德頌禱之詞，亦足以見當時之盛況。其頌揚印度政府之言，謂以國家大計託諸經驗富足資望未孚之人，是打破先例，剷除成見。復從而進言曰：『拉氏榮名始立，而其前途之成功，爲遐邇所屬望，幸勿奪其大權，以挫其志而餒其氣，有厚望焉。』

拉氏之職權漸定，布置亦既就緒，遂於一七八六年五月之初，奉命離加爾各搭，率領依麗沙(Eliza)、快雪(Speedwell Snow)及王子亨利等三艦，載有歐人礮兵十五名，軍官五名，土人水兵百名，東印度水夫三十名，於六月二十九日抵吉打海口。拉氏對於所負之使命所擔之責任，大約已卓具遠見，非同幻想矣。

功纔及半

然而當此之時，拉愛德開闢檳榔嶼之大功，纔獲其半。東印度公司向不願與蘇丹聯盟，以其足以啓釁於隣國，而蘇丹之割讓檳榔嶼，則以聯盟爲條件，拉氏實負居中調停之責任。當時所處境地，與芒克敦氏奉使前來時之情形，大略相似，惟今則拉氏已大權在握，不復受制於不知馬來狀況，少不更事之官吏，而此前後不同之點，實爲拉氏成敗之所繫，蓋其後來之成功，乃因權力之集中與統一使然也。

拉氏之日記

下列所載，撮合各種材料而成，而得之於拉氏日記者尤多，其中述及拉氏抵吉打後之行止，讀之殊感興味。

一七八六年六月二十九日，拉氏下椗於吉打泊船所內，見一淺水沿海帆船及雁拉比（Cellaby）船各一，正向暹羅駛去。彼乃遣一軍官上陸，通知蘇丹，謂彼已抵埠。

六月三十日清晨，拉氏親自上陸見蘇丹之商務官及「夏本他」(Shabbandar)（卽馬來語港灣長）等。登岸時，礮臺發礮一響致敬，船中水手亦鳴礮三響以答之。於是向蘇丹報到，並謂攜有東印度公司總督麥克浮生之函件及禮物。

時蘇丹不在宮內，而據傳來消息，則謂蘇丹正與其「班達哈拉」(Bendahara)（卽馬來語首相）、「拉克薩馬那」(Laksamana)（卽馬來語水師提督）等及兵士萬人在行營中。沙冷與吉打間各要道，屯兵駐守。先是有暹將名霞拉西（Joorasee）者，爲暹羅王之弟，曾約吉打蘇丹相會於宋卡（Senggora），而蘇丹疑暹人詭計多端，恐不利於己，因遣其弟以禮物往見，不納，必欲其親自前往。乃復遣其子，餽贈愈厚，竟邀受領，並延見於大庭廣衆間，詢以奉有其父之全權與否，準備與緬甸人作戰與否，能接濟小艇以攻丹老（Mergui）及土瓦（Tavoy）與否，蘇丹子皆唯唯稱是。於是遣之還，厚賜賚之，並令蘇丹送往沙冷米百（Coyans）銅礮四尊，十二磅礮若干尊，及布疋若干，蘇丹一一承諾，撤回其邊境之馬來戍卒。但吉打人民無不驚恐，且亦加入作戰時或助暹，時或助緬，靡有定見；蓋國力孱弱，無論暹緬，皆不能敵，而又不能託庇於兩者之一，處大國之間，而惟強者之馬首是瞻，豈其罪耶？

格雷君（Mr. Gray）告拉愛德大佐，謂蘇丹時邀水兵至其宅，宅離河口凡二十五英里，並請接濟鎗礮軍械，彼與格拉斯（Glass）大佐已允其所請。蘇丹固欲乘此時機，一獻其士卒之身手，以震駭暹人也。

七月一日，蘇丹他往。其代表名賽德（Syed）者出迎拉氏於門側，盛設衛隊，由馬來人組織之，吹筒擂鼓，旗幟飄揚，並以「主人外出招待不周」等語，向拉氏道歉。既而導拉氏至提督宅，拉氏遂以總督之信件禮物付之。蘇丹之商務官見禮物而少之，請益；拉氏益以小槍百柄，以當時形勢而論，槍械尤視他物爲重要。

七月三日，接到蘇丹來信一件，謂已返宅，邀請拉氏偕水兵若干人登陸。拉氏即挈礮兵軍曹一，水兵十二，攜帶鼓笛等物，鼓棹前往。然流峻湍急，逆行而上，天明始達。蘇丹迎拉氏入，不拘儀節，惟因總督信中某節銓釋欠明，不勝惶急，以爲彼若不允總督之要求，必受嚴厲之懲罰，是實意存恫嚇。拉氏聞之，急爲解釋，謂蘇丹譯文容有誤會，彼之所謂意存恫嚇，乃總督之對敵人而發也。蘇丹聞拉氏之言，以爲持之有故，因命廷臣三人各譯一篇，以資參正。拉氏不欲久居於吉打，因告蘇丹，謂路途已久延，今請即往檳榔嶼。而蘇丹以相聚匆匆，不願遽別，堅留拉氏，並請悉遣其船隻及船員歸。拉氏不允，謂非代理總督之命，但願盤桓數日，以待新譯文之脫稿。於是與蘇丹告別，回河口，順流而下，經六小時而達。

七月五日，拉氏載運一部份水兵於舟中。

七月六日，餉船員以新鮮牛肉。

七月七日，因不得蘇丹消息，頗焦急。

七月八日信件譯稿，尚無消息。拉氏欲知其故，遂登岸訪蘇丹，得見蘇丹及其提督。蘇丹對於總督來信，似頗滿意，將譯稿爲拉氏讀之，逼令簽字。再讀之，乃曰：『代理總督正待英國之答覆，暫不與我訂約，則君不必赴檳榔嶼，徒耗費用，而事或不成，無益也。』拉氏則答謂彼來吉打所費已多，居吉打與居檳榔嶼無異。於是提督問拉氏曰：『公司願每年付蘇丹以西班牙幣三萬元，以償其商業上之損失乎？卽不然，願付若干，務請見告。』拉氏答曰：『公司願付若干，我不敢言，但公司旣得拓殖權於蘇丹國內，決不令蘇丹蒙其損失，當有相當之酬報；可無疑議。而公司今方佔有是島之始，無利可圖，且必受重大之損失，亦可想見。』及詢以公司來函，萬一不見納於蘇丹，彼能不仇視蘇丹，而返孟加拉否？拉氏不答，託詞欲進茶點，告別下舟。有頃，復至，重開談判。蘇丹先發言，謂彼非必得西班牙幣三萬元而後甘心，卽二萬元乃至一萬元，亦無不可，但必聽其自行決定耳。乃問拉氏，謂若有小艇運錫前來，君將購買否？拉氏則答謂，不特彼將向之購買，且無論何人可隨意買賣，策進商業而不加限制，乃英國政府之常例；但爲報答蘇丹之盛意起見，凡錫，鴉片及藤等物，蘇丹既認爲其特殊利益之所在，則將來因買賣而所獲利益之半，彼願歸之蘇丹，惟船隻之來自國外口岸者，不在此例。蘇丹表示贊同，遂訂立簽約，以資信守，在英國覆書未到以前，認爲有效。

拉氏乃別蘇丹，返河口，適值大雨傾盆，至十日清晨始達。

十一日，十二日及十三日，裝載船員及食糧甚忙。

十四日午後王時，率同王子亨利及快雪兩艦，啓程赴檳榔嶼。

十五日，抵檳榔嶼，停泊於北方小島之左近，水深可五尋，遣舟測量，乃知沿岸水量亦不下二尋。

十六日正午，微風拂拂，海潮方至，駕帆疾駛，馳入港口，下碇於水深十三尋之處，離岸僅一彈之遙耳。王子亨利與快雪復向南行，水量漸淺，停泊於與依麗沙相距半英里之處，水深八尋。奉拉氏命，遣舟四出測量海灣，得一優良之泊船所於密邇東岸之處，水深十一尋，離海濱二英里。

十七日，格雷少佐率領水兵於關仔閣（Penagger）（即喬治城 George Town）登岸，該處地勢卑下，多沙石，樹木密布，少佐遂開始闢叢林，斫榛莽，以清道路。

十八日，歐人及其餘船員皆登陸伐樹木，設帳幕。俄而高仔武勝之長官攜一網來，乞准其建屋一所，許之。一小艇來自吉打，Captain Chira 爲其司令，並有印度基督教徒乘客數人，亦攜有魚網一具。

十九日，船員皆從事於斬伐林木。島內人民之居於山麓者，見之頗爲注意，訪見拉氏，願助勞役。

氏皆有所贈而遣之。

二十日，斬伐林木並舉火焚之。快雪返自吉打，滿載穀物及「亞搭」(attap)（遮蓋房屋用一種樹葉；）朗德士(Lourdes)爲之司令。掘井數處，而水皆爲 Penagger（棕櫚科）根所汙，不可以飲。所設帳幕尚不足以供半數水兵水手之用，乃許其各自建造茅舍，以資應用。

二十一日，颶風時作，大雨滂沱，午前工作遂爲所阻。午後放晴，乃繼續工作。

二十二日，天雨幾竟日。

市場之建築

二十三日，天氣和好，來自吉打之人民建築一小規模之市場於兵營左近，派拿克達喀基（Noqueda Catchee）督理之，爲避免兩方欺詐等事之發生，調水兵衛隊駐焉。

二十四日，天晴，人皆工作。

二十五日，野戰礮二尊，連同車輛搬運上陸。從事於建築兵營。依麗沙艦因欲派往吉打，所載金銀財帛，一概搬入王子亭利艦中。

二十六日，天晴，十二磅礮及輜重車上陸。霍爾恭（Halcombe）少佐任爲依麗沙艦之司令，而不諳馬來語，因請格拉斯大佐同行，午後依麗沙啓行，人皆工作。

二十七日，十八磅礮及車輛上陸，架槍礮，伐林木。

二十八日，培德（Bett）大佐駕孟斯德拉斯艦（Munster Lass）自馬六甲至。是艦曾爲歐人數名自麻蘇里巴丹（Masulipatam）竊走，因司帝文生（Stephenson）少佐之請求，爲馬六甲之荷人所截獲。

硬木

二十九日天晴，南風涼爽，人各有事。孟斯德拉斯返馬六甲。因斬伐樹木，斧具等物，大受損傷。木質極硬，斬伐之器皆受折損。因託培德大佐於馬六甲購取中國斧具及馬來短劍數柄，並招用工匠及洗衣工人各一人，歸時運至檳榔嶼。

三十日，天晴，工作如常。

三十一日，同昨日。

八月一日晨間，颶風屢作，雷雨交加。小艇數艘自吉打來，載有貨物甚多，預備銷售。市場漸受一般民衆之歡迎，常有佳魚出售。

二日，天晴，水兵及東印度水手工作不息。見歐人閑蕩無事，乃命其製泥羅。

三日，風烈，午後雨。開始廓清地面，以備建築礮臺。

四日，大風，雷雨並作，工人輟作，不常視天氣而定。

以「栗棒」(Nebongs)造城寨

五日，天晴，招求斬伐「巴爾」(Bore)大樹之夫役。方斷四株，而斧折其二，遂不肯再伐。招用馬來人搬運「栗棒」枝幹，以供造寨之用，每百株六元，每株長十二英尺。

六日，人皆從事於燒荒廓地。命華人挖掘沙土，鋸解大樹之根，工程艱鉅，進行殊緩，懸賞招馬來人砍伐樹，每四株給一元。

七日，天晴，樹立旗竿，依麗沙自吉打返，運到鐵鉗、木板、鷄鴨、穀物，以及基督教眷屬數家。

八日，天晴，東印度水夫建築貨棧一所。華人鋸解樹木。馬來人接受樹四株給一元之定例，開始工作，精神健壯。

九日，天晴，各有所事。馬來人時來訴苦，謂彼等正在利用其酒資食品，恣意行樂之際，每被迫作工。此實馬來人愚蠢微賤之明證。

十日，天晴，公司船萬先達(Vansittart)及萬倫丁(Valentine)與其軍官數人來此，攜有馬德拉斯政府之信件。兩船方可遙見，拉氏卽作書通知其大佐請其挈同員司水手於晚間上陸數小時，兩船泊於泊船所中。

十一日萬倫丁及萬先達兩艦司令官瓦爾（Wsll）少佐及盧文（Lewin）少佐偕同乘客數人登陸，礮臺鳴礮九響致敬。拉氏以爲正式佔領是島之良機已至，不願蹉跎失之。正午，官員將佐羣集旗竿之下，信號一發，衆人戮力升旗竿頂，一時鳴礮聲，歡呼聲，海陸並發，遐邇咸震。拉愛德大佐卽在參加升旗典禮的民衆之前宣讀其告諭如下：

「吾今奉總督（約翰麥克浮生爵士）及孟加拉議院之訓令，於今日佔據此島，名檳榔嶼，今名威爾士太子島，並奉喬治第二陛下之命，監視不列顛國旗豎立於島上，以供不列顛東印度公司之用，一千七百八十六年八月十一日，卽威爾士太子生日之前夕，爰立誓詞爲證。」

卽夕，盧納士大佐赴中國。

十二日天晴，吉打蘇丹之親戚某殿下來此，留居數日，力誡拉氏勿同時接見二馬來人，恐有不利於拉氏之舉動也。爲預防計，拉氏命拿克達喀基嚴禁馬來人武裝登陸，馬來人皆如命。瓦爾大佐亦告別前往中國。

十三日一船自戈大德將軍（General Goddard）處來此，攜有馬德拉斯政府函一件，福克沙爾大佐(Captain Foxal)辭行，雪姆遜大佐(Captain Sinson)率領之福威廉(Fort William)艦到埠，泊於拉脫島（Ratt Island）左近。向礮臺鳴礮九響致敬，礮臺亦還礮如禮。

十四日，雪姆遜大佐偕其乘客登岸，以牝犢雞禽果實等物與之。日來船舶時至，礮聲屢作，登陸歐人又絡繹道上，遂使拉愛德氏等在馬來人中身價什倍。

十五日，福威廉艦離岸，從事砍伐樹木建築礮臺。接到吉打基督教徒來信一件，請備船運彼來島，時快雪艦適不應用，在泊船所內，拉氏遂命朗德士大佐開往接運。午後朗德士遂啓行往吉打。

十七日，洛卜遜大佐（Captain Robson）率王子喬治（Prince George）艦至。是艦大桅已失，且需他項修理，因飭馬來人伐木爲桅，並招木工爲之修理。餘人或建築礮臺，或廓清地面，依麗沙艦則正在吸水裝沙，藉資鎮壓。

十八日，驟雨頻作。馬來人斬伐樹木，拉氏曾許水兵水夫等升旗禮品，乃以棉織物數疋與之。

十九日，天雨幾竟日，有涼風自西北來。小舟數艘來自吉打

二十日，驟雨時作，烈風自西北來。海潮極高，起伏於高仔武勝沙灘上，反擊入於北海灣中，海濱浪濤澎湃，不可嚮邇，水勢高時且潰決數處，幸能透入沙土，至高不過六碼，風勢雖甚猛烈，而船舶仍皆下椗停泊，安堵如常。

此威爾士太子島誕生於世之最初數日情形也。記其事者，即爲其開山始祖拉愛德大佐。

今之談拉愛德大佐之事者，皆深信其曾娶吉打蘇丹之女，因而得檳榔嶼爲其婦之粧奩，既而復轉售之於不列顛東印度公司，得現金若干，並委爲該殖民地之長官。此說雖喧傳遐邇，知之者衆，即拉氏子孫亦以爲佳話；惜終無事實可據，不足徵信。印度政府欲於孟加拉灣東隅佔據適宜之地點以拓土殖民者，固已歷有年所，曾派員覓地於東方，拉氏即其中一人也。氏與吉打貿易，固大有關係，且居於蘇丹都城中者久之，故其在東方之勢力，有以異乎人者。因得進言於蘇丹，使以若干條件，割讓檳榔嶼於印度政府。時印度總督爲麥克浮生爵士，屢聞進取檳榔嶼之計議，遂爲所動，決定建設殖民地於該島。

拉愛德大佐攜有吉打蘇丹割地之獻議，而往加爾各搭商得總督之許可，受命而返吉打，與蘇丹協商交割條件，竟獲成功，遂駕舟往取其地，上文已述其梗概矣。

本篇所述各端，無非欲使今日領略檳榔嶼湖山美景之人士追懷往昔耳。自玆以往，對於商業盛衰之跡，將加以研求，而其司法制度，至於今日卓然自異，則其肇興之源，進步之機，亦不能無述。惟事關政治而涉及吉打暹羅間之複雜問題者，則非所論於本篇之內矣。

自由口岸

拉愛德氏佔據檳榔嶼未久，接到總督一七八七年一月二十二日來信一件，說明政府佔有該島之目的意見，其最堪注意者，則爲自由貿易之主張，竟能在此時期中發表使檳榔嶼成爲自由口岸，准許各國自由經商，概免課稅。萊弗斯爵士(Sir Stamford Raffles)及克羅福氏 (Mr. John Crawford) 仍各因其擁護自由貿易之主義於海峽方而大受時論之贊許，名垂不朽。殊不知萊克兩氏尚未得志於東方之前，其主義早爲印度總督所提倡，則麥克浮生爵士之名亦不可沒矣。況其主張，純出乎其個人之意見，初非受該島之要求與輿論之指使乎！

總督致拉氏函（一八七八年一月二十二日）之大略如下：『吾今拓殖於威爾士太子島之目的，無非欲爲王家船隻，公司船隻，以及國家船隻，闢一接濟食糧飲料之口岸。至於闢爲商埠，則尚需時日，而微君處理有方，則成功無望也。如大勢順利，商賈運貨前來，當有利可圖。爲鼓勵起見，願君對於進口之貨物船隻概不課以捐稅，許各國自由通商，乃吾人所願望焉。

吾人今欲確知吾人對於是島所具之計畫，所抱之希望，能否如願以償，以便斟酌取舍。職是之故，關於進出口貨物，貨物價目，船隻來往等各項情形之翔實記載，以及總務部之日記，務望一併賜下爲盼。」

拉愛德著手開闢荒島

當是時也，檳榔嶼尚屬一片荒土，無希望可言，拉氏遂以開闢之艱鉅自任，務使鞏固贍足而後已。當佔據之初，除少數華人外，人跡罕至。內地林莽塞道，尤見荒涼。拉氏遂秉其天賦之熱忱，毅力籌謀畫策以吸引移民。利用其在海峽殖民地各階級間之勢力，並深知該島將來可成為東印度公司之良港，精進力行，卒使優良之移民，來自各方，不數月而一馬來式之發達城市，發現於島上矣。遂自吉打輸入軍需糧食器用財物，使軍需不感缺乏。並憑其老練之經驗，作其他種種預備，蓋已進行建設檳榔嶼為獨立殖民地矣。

拉愛德進行建設殖民地

下列拉愛德大佐一函，爲一七八七年六月十八日致當時印度總督康渥利斯公者，略述拉氏與其他官佐竭力建設不列顛殖民地於孟加拉灣東隅之情形。據其所述，拉氏雖足智多謀，且能隨機應變，以發展英人之勢力，似亦不能無懼於荷人勢力之澎漲，而爲英人之敵。假令拉氏一七八五年之計畫果能邀當時官場之贊助，則其威名之盛，必能先不律爵士 (Sir J. Brooke) 五十餘年，而著稱於世，且身居親王之位矣。卽在華倫黑玲氏秉政於印度時代，吾人亦幾可得琴克錫蘭島而佔有之，或卽遵從拉氏之函，假助於公衆之捐款，亦可用武力以佔據之矣；然欲得一非交戰國之重要大島，而必募捐以赴之，已屬千古創聞矣！

拉氏致康總督函如下：——康公勛鑒：我今將沙冷島之狀況奉告鈞座。前嘗爲斯德拉敦，倫巴爾及黑玲等三君述其大略，而遠在一七七一年間，曾奉書於黑玲君，爲述吉打國之狀況，並告以檳榔嶼宜於闢爲商埠，蓋可用爲東洋貿易之便利貨棧也。我當時已主張印度半島上必須建設軍港，而在上次戰事發生以前已深知荷人心存甚嫉，屢欲排斥英人，使東洋貿易場中不復有英人足跡，其致廖內及雪蘭峨蘇丹之信件，嚴禁兩蘇丹與英人通商，我曾展讀其致雪蘭峨蘇丹一函而知之。一七八〇年我來孟加拉，以此項情形爲黑玲氏言之，爲便於佔取沙冷島起見，提議向公衆募款以赴之。於是議定計畫募集款項呈請董事部核准。董事部覆文准予施行。不料軍隊船隻，整備未妥，而法蘭西戰事起，政府既不能源源接濟，商人亦不欲於戰端待發之際，犧牲其資財於海上，預定計策，遂爾中輟。

『戰事告終，黑玲氏欲得地於東方，派福勒斯德大佐與任何馬來王締約。雙方談判正在遲遲進行之際，荷人乘機封鎖廖內港口垂六閱月之久，大佐亦遂被圍於馬六甲者六月，荷人乃得本國派來艦隊之助，而佔取廖內及雪蘭峨。我卽於此時決定佔領檳榔嶼，以阻荷人進攻之路。我當時在沙冷總督方面之勢力尚稱不弱，假令總督尚在，沙冷當已歸我掌握；不幸總督竟於一七八五年十二月間棄世，遂使是島之得失，在不可知之數。總督夫人爲沙冷最堪重視之一人，頗願放棄其權力；

卽其子姪輩亦求我主持島政。我當時苟得政府之助者，則必已接受此天與之賜，兩島皆非我英屬矣。我乃要求兩島主人待時二月。閱二月而我尚未率兵至，則聽其自決自衞。予抵加爾各搭後，訪見麥克浮生君於其公座，麥氏接納吉打蘇丹之獻議，而對於佔取沙冷之計，則以所需兵力較大，調遣匪易卻之。政府本欲得一軍港而兼商港之地，則檳榔嶼固勝於沙冷；蓋其地位所在，足使大小船隻，四季皆能安然通過，是非沙冷所能及也。沙冷所在之地，自五月至十二月，大風發自西南或西北，海潮洶湧，航行艱阻，馬來船隻，最感危險，且在沙冷船隻來往中國，不若在檳榔嶼之利便。英國船隻之司令及他國人士，常謂沙冷非孟加拉東隅之穩固地點，用以供船隻寄泊及修葺之所，非所宜也。人皆以此目的地之得，為東印度公司之職責所在，得地愈多，成功愈速，則愈足以博其歡心。」

格拉斯大佐之報告書

一七八七年之初，孟加拉軍中格拉斯大佐調任威爾士太子島軍隊之司令。總督且命其於抵島後，將該島大略情形，與前途之希望若何，作一報告。格氏遂於一七八七年四月二十九日呈達報告書於總督。其要旨如下：『康公勛鑒港口等處之測量，倉卒未能進行，今且將繪成之本島略圖一小幅，寄呈台察，藉覘形勢之大概。惟圖幅既狹小，若斯所繪又欠詳確，恐不足以供我公作軍事上之參考。故對於軍事，我且暫按不表，先請言我就近觀察所得之大略。

『是島袤約十六英里，廣約八英里，故其面積爲一百二十八方英里。內地多山，惟就大體言之，近海地勢皆低，豐草長林，不能深入，足使陸路來攻之賊，無隙可乘。

『土質類皆疎鬆，多泥沙，而膏腴豐厚，且多錫苗，貴公司當有利可圖；但在吉打蘇丹割讓條件未經解決以前，不宜開掘，恐使蘇丹視爲奇貨，而增加其要求也。

『是島木材皆堅實耐用，用以造船，適宜無比。

『至若闢爲海港，則四面環海，宛在中央，地位既佳，守備又易；且有港口四通八達，不論何季，船隻艦隊，皆可寄泊，地理之勝，殊亦不可多得。

『氣候溫良，土味肥沃，且毗連富庶之區，島地未闢之時，軍需食糧，亦不患接濟無從，實海員休養生息之所也。

『欲改良港口，則是島及其沿岸詳確地圖，必先繪製，庶幾各艦司令可按圖索驥，寄泊之所，自得之易而居之安矣。

『海潮漲落九呎或十呎不等。船塢固宜建築，惟「推船」(Heaving down hulks)（重笨之大船，用人力以推動鼓進者）需費低廉，且其製造工人於艦隊抵埠時，可充作助手，一舉兩得，則此善於彼，亦可明矣。

『島內斬伐樹木，費用之大，工程之難，當不若土人之甚。土人之伐木也，大抵舉行於旱季之初，而焚之於旱季之末，其未經伐下者，皆立即腐爛。此種方法，將佳木與荊棘同付一炬，殊堪致惜。卽謂留佳木而不知斫伐，而荊棘焚燒之際，火勢猛烈，亦必殃及鄰近未伐之木，而因以凋斃。

『爲避免此項損失及扶助貧農起見，我以爲林莽之開闢，應由公司辦理，而其所需費用，亦由公司擔任之。

『由開闢費之總數按畝計算，每畝之開闢費，卽視爲每畝之購買費，而以此後二十年中最初殖民之年租抵償其利息。如是則是島四境之內，可立得公司及最初殖民之投資，而產物自源源得有接濟。二十年之後，出售其已開闢之地，當可償還開闢費而有餘，卽不轉售於人，而永久收其年租，亦未嘗不可。

『上項計畫，專就大部份貧苦殖民言之，他如將未闢之地賜與富戶，責成其每年開闢所賜田十分之一，當亦能遂所願望。

『以上各項計畫，如蒙採納施行，而以意旨堅決之人負責辦理，則短時期內必能使是港航程安穩，船隻便於修葺，而數年之間，飲料等物，亦足自給。

『總之，是島實爲天然之良港，船隻之寄泊，修理及接濟各端，皆可加以改良整頓，使臻完善，且地當商業要衝，若復善加管理愛護其地被壓迫之民族，必能使商業之利益日進於無疆。荷人壓迫土人之策，嚴酷殊甚，欲請我公爲之解放者，不乏其人矣。」

鼓勵開闢森林

格拉斯大佐之報告書，既陳述其開闢森林之計畫，其他報告威爾士太子島之情形者，亦皆極言其林莽之叢密，與斬伐之不易。

當時有趣談一則，流傳於馬來土人之間，述及拉愛德大佐鼓勵其僱用之馬來人開發叢林之一法，謂氏嘗將銀餅一囊，裝置砲中，向森林內射擊，乃令馬來人爭拾之，馬來人爲利所驅，遂冒艱阻以斫榛莽矣。此項傳說，莫能證其虛實，但從未有指其荒謬者，則言之或非無因也。

第一次開闢

闢林之工作，於今日砲臺所在之處肇其端。最初之營幕，即設置於濱海空場（Esplanade）之左近，第一條大道亦即自此達於今法院（Eourt House）所在之地；然而砲臺迤北之海岸線，以今視昔，已移向內地多矣。今日房屋第宅沿岸而立，而在昔日去海較遠，中有車馬來往之通道，其地年老居民，對此猶歷歷在目。數年之間，海岸年向內侵，工程師皆預料再經數年，城市與砲臺將與大陸分立，而成島嶼。但近數年來，海岸內陷之勢，已遠不如昔年之甚，果出於築堤設壩之力歟，抑原於自然界之有所變更歟，不可得而決也。

格拉斯之短簡

格拉斯大佐來島指揮軍隊未久，有吉德（Kyd）大佐者，（其後於印度有稱爲吉德將軍者，即此人也。）亦孟加拉之軍事工程師也，又受總督委託來島調查是島發展之可能，土地之性質與出產及其利源之厚薄豐嗇。吉氏之報告長篇累牘，殊多興趣，已撮錄其要旨多端。惟下列格拉斯大佐之短簡，記述於吉氏報告之前，（一七八七年六月十日）能以其中所述「栗棒」城寨與今日在其地之康渥利斯砲臺（Fort Cornwallis）互相比較，或不無興味。而英兵來居荒島未及十二月之久，已染土人賭博之風，致格大佐有所不滿，亦趣事也。格氏短簡之要略如下：

「吉德大佐現已實行考察本港，將來所成之報告，必大足以動觀聽。但無論此後計畫如何變更，我終深信公司一日果欲據有是島，則吾人今日所在之地點，往來便利，將來必成爲其地商業之中心。方今他項工作，即屬必要，亦非急切所能成就，我已秉承拉大佐之忠告，著手完我城郭，固我堡壘，增設「栗棒」城寨於外，以資防衛，添築高壘於內，以便向外射擊，此項舉措，吉德大佐亦表贊同。我今率同水夫，工役，及印度兵等，努力工作，無需費用，晝間役使印度兵數小時，亦不至壞其紀律；抑今軍隊已薰染土人賭博之風，使之作工，或可稍救其弊，此項工作既無損於公司，而大足以固我地土，想我公必樂予贊同也。』

吉德大佐考察竣事後，卽於一七八七年九月一日進呈其報告書。撮錄其要旨如後：

『是島四周饒有清泉，來自山間，皆爲細流，匯注於離砲臺一英里之港口中。溪面頗闊，堪通大汽船之長艇，水量淺時，汲水極易。水自山巓而來，穿沙石，晶明澄潔，嘗加試驗，知爲輕軟便用，本島之水固皆如是也。島內各部，掘土數尺，皆可及泉，惟樹根盤亘地下，密如蜘網，水染其味，殊不可口，但若能鑿設磚井於樹根之下，則適口之水用之不竭，可無疑也。』

良好礦苗

「島內礦苗殊不多覯，至於錫礦，馬來半島各地皆有之。馬六甲海峽各島殊亦不少，惟產量皆不甚豐富，非大利所存，而錫礦之在檳榔嶼者，曾經試驗，知其品質佳好。嘗於此部高地試行採掘，入地面數尺以內，錫苗散見於雜石沙礫之中。政府若果從事採掘，能否獲利，尙難預卜，惟據我所知，礦工不應僱用本國人。其法莫如令馬來人開掘之，而按照言定價格收買其錫，然後運銷於中國，當可獲利。所慮者，馬來人怠惰成性，用以採礦，所得不多，而貨棄於地，殊可惜耳。馬來蘇丹如不勒令各地納錫爲貢，馬來人勢不必願採錫，而錫或因之不產；但馬來蘇丹所定錫價過低，而不能增高，不足以鼓勵土人，亦不可不注意也。」

華工大獲其利

「竊謂可以提高錫價，以利餌馬來士人，觀其能否振作勤奮。惟恐終無厚利可圖；合採掘製造等費而總計之，已與其實價相埒，將何從得利乎？馬來人自遠古以來，常以錫供給華人，而熔煉礦苗，則惟華人是賴，華人因是大獲其利。」

「島內多石。但皆係堅實之紅色花岡石，非火藥莫能碎之，亦無器具可以斲之成形。卽有之，亦工程浩大，故不適於建屋之用。造磚之土，島內隨處有之。尙有一種白色黏土，燒之其色不變，可製堅實耐用之磚，故今正待造磚匠來島也。薪木所在皆有，可不勞而獲。是無需巨款，而磚業可興；獨惜馬來沿岸各地工價昂貴耳。」

不見石灰石

『島內絕不見石灰石，珊瑚殼及其他石灰原料。目下本殖民地所用石灰，皆來自吉打，由煅燒貝殼而成，但貝殼無多，難以持久。吉打之北有河名加央(Perlis)附近產精美之石灰石，與得自印度之西黑特(Sylhette)者酷相類似。自山谷運往河岸，路途修阻，價值因之昂貴；迄今尙未得見樣子，估其價值；但約計之，與加爾各搭市上之西黑特種相若。馬六甲沿岸所招致之泥水匠，皆爲華人，技術拙劣，而工價極高，故此間僱用泥水工匠之費，較諸加爾各搭至少高出百分之五十。如泥水匠及造磚匠能由孟加拉運來，吾知其必能減省開銷，與在印度無異。

『依里卡(Jerejah)島袤約二英里，廣約一英里，地勢峻峭，叢林密布，與檳榔嶼相若，而可製大汽船桅檣之「普恩」樹(Poon)惟是島產之，其數甚多。密邇島濱之處，水量甚深，而在檳榔嶼方面，則有泥堤自岸而下，長約三百碼，潮落乃乾，堤盡水量逐深，可五尋，愈進愈深，及依里卡而增至六壽島內多小溪，水甚澄潔。中有一溪，流入沙灘，供給大艦隊之需要，可不患不足。且得略省精神財力，以水道管相通，以便船隻汲水貯桶。島面諸山皆矗立水涯，絕無沿岸而蜿蜒伸展者。平地極少；但其地有小灣三處，彼此密邇，大有餘地可以建築船塢棧房及其他必需之屋宇，以供艦隊停泊裝貨之用。且可建築碼頭於一灣中，以便船隻靠岸修理及起卸槍械桅檣等物。高丘之上，又可建造醫院廬舍，爲船隻修葺或裝貨時各船員僑寓之所。與依里卡島相對之地，春潮汎濫，一英里之內平原澤國，紅樹（mangrove）及其他水性樹木叢生焉。」

非常宜於衛生

『在此春潮汎濫之區方一英里之內，略事經營，可栽花木養牲畜，闢爲園苑，藉供船員休憩之所。春潮之來在其他氣候之中，每成災患，而在海濱，則莫不視爲合於衛生；檳城固密邇海濱，鄰近又爲春潮所到之區，而其地宜於衛生，得未曾有。吉打與馬六甲沿岸各城市，潮勢亦頗洶湧，汎濫平地，土人好惰，不設堤防以障之，但築設房屋於木樁之上，離地六呎，藉資躱避，然而談馬六甲半島者，仍皆盛稱其地之合於衛生，謂且無以加之也。檳榔嶼與依里卡之間，有航路南通，可容大戰艦，但狹窄曲屈，非出入之通道，而欲由此入港，尤見困難，則因大風常發自島中高地，而船隻困於狹徑之中，動作艱阻，亦因入口必待海潮降落，水流向北之時故也。惟八之熟知此徑，而預置浮標或船隻於堤岸之上者，則無論船舶大小，皆得安然駛行而過，然亦非待水漲時不可，是則有賴於潮汐之來矣。內外港底之泥，皆作藍色，絕無足以損毁水底電線之礁石等物，但船舶既抵外港，應即下雙錨，否則潮來不以其時，颶風常發自大陸，單錨停泊，不免遭震盪顛覆之危也。

『市場中所設店舖漸見發展，都由華人經理之；華人眷屬之居於斯者已達六十家，繼續來居者尚不絕。其人勤奮馴良，遍布馬來各邦，各種手藝無不爲之，零賣商業，亦歸其掌握。馬拉咨人亦頗不少，馬來各口岸皆有之，乃散處四方之商賈也。馬來人間亦見之，皆爲行商，常用帆船運輸食糧商品，獲售卽返。』

土質

『檳榔嶼之土質不一，但皆係疏鬆，有數處則爲黃沙，即如檳城附近之低地，純屬沙土，惟在地面三、四吋以內因樹木枝葉之腐爛，已成沃土，三、四吋以下，則沃土而外，絕無他物，土質既磽瘠若此，而無數大樹竟得生長於斯，寧非怪事？我人試一考其究竟，因樹根皆不深入地下，緣地面引伸至得富有滋養力之土質而後已，入地既淺，根基不固，檳城大樹之未經斬伐者，經風即倒；故竊以爲闢森林，建屋宇，設獨留孤立之大樹而不斬伐，危險殊甚，蓋向之得以冒大風而不折者，叢生小樹之力也。

『進森林約一哩許，地漸高，土質漸佳，沃壤與黃沙相雜，可以墾種，土由腐爛之草木所成，入地一呎以下，磽瘠之沙土又見矣。復向山麓漸進，地勢愈高，土質愈佳，或一片沃土，豐腴無比，或沃壤與沙土相雜，亦堪耕種。於此掘地數呎，則見石礫之中，雜有白色之黏土，或竟全屬白泥，白如漂布之粉。

山皆沙士及石礫，由黃泥黏合兩者而成，紅色之花岡石，亦散見其上。」

沃土

『島內春潮所至，紅樹叢生之區，地面一呎以內，土皆肥腴柔軟，略雜黃沙，乃潮水淤積物之所賜也；但掘地較深，海沙仍可見之。此潮流汎濫之地，實為本島最富饒之區，開闢以後，設堤障流，必能使土地肥沃，而產物豐盛也。總之，平地之上，無處不可以供墾殖或畜牧之用，馬六甲半島常見之穀粒菜蔬，本島各區，泰半都能生產，尚有數處膏腴無比，但求適應天時，無論何物，皆可種植。即在檳城附近之沙土，能善加整理，施以肥料，播以歐洲及印度之菜蔬種子，亦能成功，彼試種者已得相當之結果矣。』

熱烈似的報告

吉德大佐考察檳榔嶼後之報告，言詞既如彼其熱烈，則當可以動聞者之心，而解決該島取舍問題矣。詎料加爾各搭政府要人仍猶豫不決，莫知所從。其意若曰：島已佔有，則整頓之計畫不妨俟之異日，靜候良機。而當時吉打蘇丹之意見，亦足予公司以躊躇之餘地；蓋蘇丹本不慊於公司之援兵不至，及見暹人侵略之進行日亟，尤怏怏不樂。而荷人見檳榔嶼之勃興，疑懼交并，暗中煽惑蘇丹，以挫拉愛德大佐之計畫，而使其於海峽方面專利之權，不爲英人所奪。加以蘇丹之提督及首相，自英人佔據檳榔嶼以來，利益頗多損失，故亦與英人對抗。拉愛德當時所處之境地，實可謂楚歌四面矣。

一隻「老狐狸」

拉氏嘗於其書札中以「老狐狸」比荷人，而稱蘇丹之兩大臣爲刁譎之朱利亞人，常利用蘇丹之闇弱，侵削賢臣之勢力而僭竊政柄。此兩種反對英人之潛勢力，遂陰相連合，而發生結果，勒令英人每年付償蘇丹以西班牙幣三萬元，以酬報蘇丹因讓棄貿易特權而所受之損失，此則蘇丹信中因嘗要求之矣。但當蘇丹與公司間信使往還之初，此項要求毫未注意，而今反對者遂得用爲攻擊之具。拉愛德素以精敏見長，深知蘇丹之處境如何，絕不願與蘇丹鄙賤之臣再事磋商，於事無補，轉自暴其震駭之狀；因卽作書陳訴印度總督，力言允許蘇丹請求之必要，且謂若不援助蘇丹，予以保護，各事勢將棘手，不與蘇丹締結盟約，使蘇丹隨時供給我殖民地以軍需食糧，而阻止其他歐人移居於其國內，則檳榔嶼前途之危險，有不堪設想者矣。

不堪鄰國之擾

因復進言曰：『設暹人而一旦佔有蘇丹國境，彼固慢而無禮，吾人必不堪其擾，非助之與他國戰，必與之戰。今公司能明白宣布保護吉打蘇丹，則成功易而需費少，但得公司之名義，發一命令足矣。公司果何靳於此而不爲耶？遷延愈久，各方之醞釀愈深，而殖民地之建設愈難。丹麥人荷人及法人均曾向蘇丹乞賜一隅之地於吉打，若此三者之一，果能重賂蘇丹，而蘇丹竟以英人不加保護，心懷怨望，轉與他國締約，誠亦意計中事。』拉氏之詞甚辯。設檳榔嶼之佔據，目的果在鞏固英人在海峽殖民地之勢力者，則聞其詞者固當疑團盡釋，投袂而起，行如所請矣。然而值此新殖民地開拓伊始，印度方面忽又陡生波折，遂使拉氏精勇強幹之才，無所獲施，可勝嘆哉！先是檳榔嶼佔領之初，經濟上之要求尚未正式提出以前，麥克浮生總督已於其記事錄中說明官方之態度，其言曰：『以今日財政之拮据，佔據檳榔嶼勢所難能；其他重要計畫，需財正亟，然今已勢成騎虎，安可中止？祇得參酌情勢，竭力設法，務使大功卒底於成耳。』當新殖民地創闢未久，百事待興，欲藉此敷衍之手段策勵進行雅非拉氏所願聞者。故其後新總督康渥利斯公在其往加爾各搭途中，滯留於馬德拉斯，拉氏投之以書，為言檳榔嶼之地位，仍如風雨飄搖，未臻穩固。

迫切陳詞

一七八六年十二月十五日，拉氏上書於康總督，迫切陳詞，請其贊助新殖民地，謂英人而欲與心存侵略之荷人抗，以保持其固有之地位，不使或替，則檳榔嶼實爲最關緊要之地。書往，未遽得覆。既而覆書果至，康督對於拉氏之請求，絕不表示誠意。大抵當時倫敦與拉氏積不相能之輩，心懷妒嫉，故意中傷，散布謠言，混淆黑白。拉氏固與其知友司高德合併經商，壟斷檳榔嶼貿易之大部，遂授議者以隙，視爲攻擊拉氏之絕好資料。實則拉氏此舉，毫不足責，除其應歸自由處理之私人事務外，其經營私人貿易，一遵當時各官佐在公司遠地之通例而行，並未特開一例。然竟因之而讎敵競起誣控，謂其開闢檳榔嶼，特爲一己牟利計，非眞有愛於公司也。

『容或有當』

一八七六年四月十六日，當拉氏尚未離加爾各搭之時，曾上書於代理總督，其要旨如下：『馬六甲戈羅麥狄海及其他各地人民皆將來居於檳榔嶼，自應給以安居之地，並設置警察以維持治安』。

總督接到此項意見，答之曰：『容或有當』。

拉氏抵檳榔嶼後，於一八七六年十一月二十五日復上書印度政府，告以基督教徒，馬來人及華人皆欲得地，請示分配土地辦法。翌年一月二十二日得政府覆書，略曰：『凡安分良民，君可自由容納，每家所需田畝，君可量時度勢，酌量給與，便宜行事。』

一七九〇年一月十七日，印度政府復告拉氏曰：『僑民索地，可按其耕作之能力，酌量分配。』謂正惟如是，方可使全島之內無一片不開闢之荒土也。

賜田契之格式

茲舉拉氏於一七八九年一月一日訂立賜田契據一紙於下，以見其命意與格式之一斑：

『我今奉孟加拉威廉砲臺總督康渥利斯侯爵之命，賜給約翰格拉斯田一方，世世子孫，永保勿失。濱海長三百六十呎，南北長五百八十呎，左至印度兵廬舍，南至格雷君宅第。自今日始，每年繳付租金西班牙幣二元。賜給之後，永爲所有。一七八九年一月一日，立此賜田契存照。』

觀此契據內容可知田產賜給以後永爲受賜者與其子孫之自由不動產，每年祇須繳納些微之租金而已。

考之記載，拉氏在檳榔嶼所立正式賜田契甚少，常口頭准許移民燒荒居之；但開闢者皆知此項口頭契約之效力，與正式訂立者無異。所闢之地，亦惟若輩是屬。且拉氏對於未得正式契據之人，允於將來補給，惟無確定時日耳。

寬大政策

拉愛德大佐到檳榔嶼後之確切表示，及印度政府屢次對於大佐呈文之答覆，皆足以證明彼等目的並不斤斤於田租之收入，而在燒荒闢林以經營之，爲轉輸及生産之中心地，使日用所需之物及各項商品皆能自給，而不至依賴於吉打等鄰國之接濟。

拉愛德寬大之政策，終得良好結果。人皆願出勞力冒險阻，闢森林爲平地，化瘠土爲膏壤，蓋無形中已投以鉅大之資本，此正拉氏之所渴望者也。不料其後數年，官府方面忽倡廢除田契之議，再四陳詞，聲嘶力竭，始得取消。就實際方面言之，若非利用賞賜土地之法，以號召遠近，策勵僑民，則檳榔嶼恐終淪於草莽荒無人煙。抑卽以賞賜土地爲號召，而當事者之聲望，遠不若拉氏，則其所獲成績又何能望拉氏之項背。然而尙有食祿官府，養尊處優之輩，吹毛求疵，妄加誹議，力詆其賜田移民爲妄示寬大，且以爲含有作用，信口雌黃。此唱彼和，考當時能力排衆議，爲拉氏仗義執言者，惟吉德大佐一人而已。

殖民地之建設者

拉愛德大佐統馭之才，最足取信於人者，厥爲其殖民地之建設。不及六載之久，以極微薄之資本，竟能創造一發達興盛之殖民地，不特使島內所需各物皆能自給無求於人，且能接濟航行東洋之最大艦隊，不使或缺。

然當拉氏進行建設殖民地之際，吉打蘇丹方面之一切糾葛，尙未得相當之解決。蘇丹雖懦，權利未肯拱手讓人，拉氏受制於上峯之命，對於蘇丹之各項要求，未敢當機立斷，遽爾允從，祇得虛與委蛇，故事遷延，含羞忍辱，亦所不顧。若在平昔，則必憤憤不平，百計圖報。然而交涉從此更形棘手，蘇丹及其臣下漸呈不豫之色，而拉氏仍昂然置之不理。卒之蘇丹秣馬厲兵，興師動甲，竟欲收復檳榔嶼，於是戰禍發矣。

新路頭河之戰

是時吉打蘇丹固請拉愛德出兵援助合攻緬甸暹羅，謂數年之前，檳榔嶼尚未割讓之時，拉氏曾以言約相許，謂一旦蘇丹受困於暹緬，拉氏必率兵相助，今事急，正拉氏踐約之時也。默察當年情勢，出兵條件雖未訂有明文，拉氏當曾含糊答應，遂使蘇丹念念不忘；然拉氏固嘗受命於東印度公司，凡土酋相侵，當嚴守中立，不可加入，遂卻蘇丹之請。蘇丹遂決定乞援於他國，因示意於荷人及本地治理(Pondicherry)之法人。法人對之，態度尚屬冷靜，而荷人則欣然色喜，以隆禮接待蘇丹使者；蓋預料排斥英人於海峽殖民地之計畫，從此可一舉成功，一勞永逸矣。於是派戰艦一艘赴吉打，派巡洋艦二艘泊於檳榔嶼港口外，以阻塞商人往檳榔嶼之路。蘇丹亦封禁運輸米糧等物以接濟檳榔嶼之船隻。雙方正在通力合作積極進行之際，荷人忽察知彼若佔據吉打，必與暹羅啓釁，蒙其不利，蘇丹亦悟其徒足以供荷暹之傀儡，於事無裨。荷人與蘇丹之約遂解，而蘇丹封禁船隻之議亦因之取消矣。

一七九〇年十二月，馬來各邦蘇丹見英人仍恃強不允出兵援助以攻暹羅，遂決議逐之出檳榔嶼，今試述其事跡之梗概。

一七九〇年十二月，丁加奴（Trengganu），崙巴（Rumbow），西亞克蘇祿，林宜（Lingin），柔佛，Indragiri, Kota Karang 及先達（Siantar）之蘇丹見英人欲以其對於吉打蘇丹之法對付各邦，謀合力以逐之。幸其計畫未果實行，不然勢必同歸失敗，徒勞無功也。

馬來聯軍艦隊，大小總計四百艘，可載六磅至十二磅不等之砲百二十尊，其他軍械若干及兵士八千名，浩浩蕩蕩而至檳榔嶼，與吉打蘇丹之艦隊會合，吉打兵力與聯軍相若。吉打蘇丹作書通告聯軍上將，謂檳榔嶼如能即夕攻破，願以西班牙幣二萬元爲壽，並謂如果圍攻得手，誓必執兵相從，藉資合作。但聯軍艦隊，因將令意見不一，竟向吉打進發。蘇丹乃封閉（一說沒收）價值西班牙幣三萬元之英商資產，要求英人每年償以西班牙幣一萬元，自費保護打吉海岸，並助以借款及軍隊軍需，俾可與暹羅作戰。綜其要求各節，無非欲與英人締結攻守同盟之約。拉愛德懾於其新恐嚇政策之威勢，卒以西班牙幣一萬元與之。而不列顛東印度公司仍力主容忍，謂蘇丹因英人佔據檳榔嶼而損失貿易特權之賠償，尚未議有定額，宜愼於許諾。但要知容忍結果在東方各地無不盡同，蓋數見不一見矣。

一七九一年四月十九日，蘇丹決再訴諸武力。納南船隻(Lanum Boat)（納南爲菲律賓棉蘭荖海盜種族之名稱）遂受其挑撥，駛入新路頭河(Prai River)與檳城相對，相距纔二又四分之三哩。同日，打吉大將率領小船九十艘與納南船會合。陸軍亦已進抵新路頭河口，築設堡壘。（一八四八年尙能見之。）於是商人之在檳城港內者，於二十三日駕舟離埠，檳榔嶼之居民亦於同日相率請求從軍禦敵。

拉愛德大佐不欲戰，賂大將西班牙幣五千元，作爲年俸之一部份，令退兵；不可。馬來聯軍復於檳城煽亂，助之者皆得分與贓物。遂於一七九一年五月九日發出宣戰書，其中有曰：『英人所許於吉打之口惠多矣，而其實不至』！

乃準備小船數艘與小軍艦三艘會同出動，其中一艦，爲屬於亞齊人者。格拉斯大佐遂於下午四時渡登對岸，率同砲兵一隊，印度兵兩隊及歐兵二十名，而小船四艘則用以掩護渡海，以攻敵人之堡壘，出其不備，略事交綏，敵即潰散遁去。

五月十二日黎明，雷邦(Rebon)少佐與密爾納(Milne)少佐率領戰艦，進攻敵人，時敵人已召集大小艟艨約二百艘，初嘗力戰不屈，然終遭潰敗，退出檳城。十四日，敵復來戰船數艘，助以平底船一艘，置八十砲於船首，遂攻敵艦，敵人受損失而遁，追之及四哩而返。當是時英兵纔三百人，訓練已久，執鎗架砲，無不如意，遂使八千人至一萬人之馬來人聞風匿跡，數戰皆北。凡此數役，英兵死者四人，傷者二十八人，馬來人之死傷者不計其數。

馬來人遭此敗北後，遂移其爭戰之力於行刼海上，以爲生活，安獲利厚，舍此莫屬，直此最近期間，情形始變。方其臨陣交綏，每至驚惶失措，懦怯萬狀，及爲海盜，則雖與兵多械足之英國軍艦相抵禦，竟邁勇異常，鋒不可犯，兩相比較，誠不可同日而語矣！

吉打蘇丹否認參與攻擊檳榔嶼之役，此固土酋之慣技，不幸蘇丹函件竟爲拉愛德所得，且其船隻尙擁塞於新路頭河中，則證據確鑿，欲蓋彌彰耳。但蘇丹固嘗竭智盡謀，冀欲驅逐英人出檳榔嶼，今茲舉動特其計畫之表現，亦爲意計中事，故拉氏亦曲加寬恕，不欲逼之太甚。遂於一七九一年八月十二日，與蘇丹訂立草約。規定拉氏據有檳榔嶼時，每年須給蘇丹俸金西班牙幣六千元，食品等物之自吉打輸入檳榔嶼者，概免徵稅。凡遇有奴役債戶及殺人犯等，兩方各須交出。英人以外之歐人，不准留居吉打。

草約既成，拉愛德大佐以兵力雖薄，竟獲大功，喜甚，遂名其次子曰納南拉愛德 (Lanun Light)以志其功也。

警察權及刑事裁判權之第一聲

關於此項問題之首宜注意者，為一七八七年六月二十一日東印度公司之訴訟辦法。其中要旨，或不無興趣，因錄之如下：凡『暹人之犯殺人案於威爾士太子島者，拉愛德君應移交孟加拉治罪，終身留此，降為奴役，合將此層昭告島民，以示炯戒。』

『議院總督非待本國訓令下達，不敢擅定威爾士太子島警察章程。故除遇有殺大案件發生外，拉愛德君對於英人以外之居民，可施以拘拿或其他罰則，以維持秩序；若遇殺人案件發生，議院總督本有從輕發落之權，因此之故，決令拉愛德君召集軍事法庭，司法委員至少五人，以軍官及名高望崇之居民組織之，以審判英人以外之殺人犯；惟以司法委員非得總司令之許可，不得執行其判詞，在此審查時期中，被告仍須加以拘留，拘留之寬嚴輕重，視其被控之情形而定。』

據上述東印度公司訴訟辦法之要略，暹人之犯殺人案者，須移交孟加拉治以終身奴役之罪，並須宣布其罪狀於島民，冀以懲前毖後，其辦法可謂拙陋之極。若能祕而不宣，則但見其押赴孟加拉，而不知其罪何若，疑懼既深，或竟相戒不敢效尤，今乃舉實以告，殺一人罪不過終身爲奴，暹人未必因之而大起恐怖，況彼暹人中本爲奴役者，似亦不乏其人，則與獲罪而爲奴役，又何以異乎？

至於設立軍事法庭，以軍官及有名望之居民組織之，由總司令審定其判詞，抑何愚拙之甚耶！夫當時欲產生一權力相當之法庭，固屬困難之事，但以其組織軍事法庭，何不直接授權於總監，使司警備之責，以云合法，軒輊難分，徒見其舍近圖遠，多一贅疣耳。大抵當時所顧忌者，惟大理院中律師，他非所問，則顧此失彼，亦自在意中也。

拉愛德報告殖民地近況

一七八八年一月十日，拉愛德大佐作書報告殖民地近況，從上峯之命也。其文如下：

『我已得吉打蘇丹之米糧接濟市場各物來源頗暢，但爲欲力求自給而無求於人起見，已雇用馬來人百名乘此旱季斬伐林木，並訓誡居民，凡不能耕田一「奧郎」(Orlong)（合一又三分之一英畝）者，來年三月，必重徵之。凡馬來人闢地一奧郎使之可供耕種，我允酬以西班牙幣四十二元，所闢之地，仍賜與居民。我今所設新邑，居民凡二百家，華人及馬來人及馬拉峇人皆有之，此外在 Sungei Dua，雙溪干冬(Sungei Katong)，甘光（仍名喬治城或檳城）及丹著彭亨(Telok Bahang)等處，小村落亦甚多。島內有原住居民六十人，予已出西班牙幣五百十元爲之贖身，居於。檳城哈駬亞利(Haji Ally)一馬來人也，昨日率同家屬共十七人，自雪蘭峨抵此，已許其宅居島內。果樹如椰子芭蕉等已種植甚夥，野豕鹿及猴爲我大敵，一夜之中可毀我數日之功也。』

拉愛德報告殖民地近況　一〇三

改變方針

不列顛東印度公司雖嘗採用寬大政策，開放檳榔嶼爲自由口岸，以鼓勵商業，及該島割讓後二年，忽更變初衷，遂與拉愛德籌商改革之計。拉氏對此，雖有不快之感，然公司既有命令，則規畫籌款方法，亦層出不窮，未敢後人。觀其一七八八年六月二十日之函可知也。其言曰：『一月二十五日接讀手教，深得我心，各種方法，思維再四，務求足以供給殖民地之開支，而無礙於匯款之計畫（詳後拉氏意見第十條）。

『今雖改變初志，以進行商業計畫，對於最初之殖民，仍當假以時日，使其能負擔建築之費，而後可。我於一七八六年七月來島，今且二年矣，但居民之寢處於其屋中，尚未及十二月之久。我本可毅然決然，許以三年之內概予免徵，終以政府急不及待，不能如願，用將下列各項意見錄候鈞裁。

拉愛德之意見

(一)收宅地稅，自該地初次開闢後之若干時期起收。

(二)收店舖稅，凡零躉商人，概須徵稅。

(三)烈酒零賣特權，應租與願出最高租金者。

(四)凡買賣房屋，土地及第宅值百抽二，死者之財產傢具值百抽二，此間習慣如是也。

(五)印度貨物之由外國船隻輸入者，值百抽四。

(六)貨物之由朱利亞船隻輸入，而非來自公司之殖民地者，值百抽四。

(七)中國貨物一律值百抽六。

(八)菸草，食鹽，亞力酒，砂糖，粗布以及其他爪哇或爪哇東部荷屬地之原料或製造品，值百抽六。

(九)除不列顛之原料或製造品外，凡外國船運入之歐洲貨品，値百抽六。

鴉片貿易

(一〇)下季之初，貴部可輸送巴德拿(Patna)及班拿勒斯(Benares)之鴉片二百五十箱來此銷售，此間按照加爾各搭中等價格，先付款百分之二十。此額銷售頗易，售得之款除一部份供給本殖民地之亟需外，可用現金或貨物匯交在中國之商船管理員。

(一一)小船徵以港稅每 Coyan 二元，俟航行自由權大加擴充後，容再考慮而後施行。

(一二)爲鼓勵英國船隻匯款至中國起見，凡船隻之來自印度，或屬於本港，向經商於馬來各埠，而運輸馬來各邦之貨物來此銷售者，應准其用英國船隻直接運輸，不必上陸，爲迅速計也；惟若與外人貿易，則不在此例，外人應向本港採貨，而不應逕與船隻交易也。

『至若來港各貨，一概徵以入口稅，則未免與東印度公司之宗旨相背；蓋東印度公司本主張以印度製造品市易其他東方各國之原料，糴賤販貴，逐其厚利，以匯往中國。邇來附近各邦，內亂外患，紛至沓來，居民苦於戰亂，不能攜其產物來埠，荷人又百般阻礙英人貿易，禁止華人馬來人及武吃人船隻之通過馬六甲海峽，且利用威嚇及武力脅迫馬來各邦不與吾英通商，凡此皆吾英在東方商業前途之大障礙，若欲統徵各貨，安望其能成功哉？

目前切要辦法

『抑有進者，本島不產商品，所得以運銷中國市場者，都來自鄰邦，由馬來人羅致之，而馬來人之所以肩摩踵接而來此者，利其貿易之可以自由也，今或不然，輸入必減，徵稅機關之開支，猶恐弗給，欲益反損，勢所難免。

『我已指出切要辦法數端於前，爲目前略形補助本殖民地之支出計，皆屬不容反對，但今方開闢伊始，欲使收入與公司之支出相抵，則非所敢望。異日貿易發展，根基穩固，庶幾浸昌浸熾，利源日溥，而島內經費可另訂他項辦法以應付之。

『富有資產之士人欲來居是島者頗多，惟其眷屬一時倘不能來，須待荒蕪已闢，堪供建築耕種而後可，猝然須行稅率，或足使若輩觀望不前，徬徨瞻顧也。

規定準備時期

『對於居民之捐稅，貴部誠能予以相當之準備時期，然後開征，當可得其同情，亦不至疑我總督爲任意恣睢，橫征暴歛，而阻其涉難履險，披荆斬棘之銳氣也。

『殖民地之在美洲或在西印度羣島者，從未有在七年之內，可期獲利，至於本島，似亦當以殖民地視之，其經費當得之於其土地，而非得之於其商業，惟商業應竭力提倡，不爲險阻所困，使東印度公司製造品之輸出，可日漸推廣，而匯寄中國之資款，因以日見增多也。

『三月二十一日辱賜大函，本殖民地通用銀幣及造幣廠廠主一七八七年十二月二十七日信件，均收到無悞。

『十元至一元之銀幣，用途最廣，倘望續寄，約五千盧比足矣。二毛半及五毛者尚未通用，將來需用幾何，倘在不可知之數，今所存者，足供長期時間之使用。

刑罰

「今有暹人二名犯殺人罪，我奉公命，已遣勃蘭少佐（Lt. Blair）押解前來。死者之妻因嫌疑被拘，迄無犯罪證據，我已放回於其家屬。自此事發生後，法令似有阻礙，竊案層出，類多監守自盜，甘冒不韙。巨犯悉令加桎梏，並命其拖木挑水，飭哨兵押管之。常有馬來人自各方來此，二三百名不等，皆欲尋覓工作，稍有積蓄，即返鄉里，而新來者又相繼而至。聞若輩在本國，好作盜竊，一到此間，頗能安份，殊堪驚異。本島形勢顯露，我初料其必多紛擾，今觀馬來人與居民交接，溫恭有禮，對於政府，亦頗親密，且希望其永保勿替，私心稍慰。

華八君來島

「華八君（Mr. Hope）於三月二十六日抵此，翌日即起程赴望古鄰及巴達維亞，終以不能繞道亞齊角，折回馬六甲。對於不拉斯公司（Price & Co.）雖在此季候內，錫與胡椒本島並無可得，我當遵從二月十五日貴部來書，就力之所及，予以襄助。

建築貨棧

『公司商船管理員之在中國者，近曾送來泥水匠十名，工人一名，工資須由公司供給不絕。我用以建築軍庫一所，貯藏軍需各物今已告成，精良無比。現正飭工建造海關，以爲貨品起卸及權衡之所，庶進出口數量可得一確切之統計。俟海關工竣，再當建築貨棧一所，以供堆積公司貨物之用，今所有之貨棧，因陋就簡，暫而不久，設遭回祿，爲禍何堪設想。

『凡此建築，我與格拉斯大佐皆隨時擘畫照料，必不致有何等額外之重大費用，況經久耐用之建築材料，來源日多，價格日廉，惟中國工匠及孟買技師之工資，則不論工作有無，例須照給。

『若欲建築穩固礮臺，不論大小材料皆可辦到，祇須於事前通知準備耳。』

前文所述拉愛德大佐指定之切要辦法十二項，先後皆得採納施行，而今則除第二項外，皆以勒索過苛，或有礙大體，已逐一廢止。關於關稅一項，廢止最遲，則在新嘉坡決定開放爲自由口岸之後，即烈酒捐稅自政府收歸自辦後，亦即廢除。

拉氏信中所述及之五毛二毛半及一毛銀幣，今若有之，必且視為稀世之珍，但若接濟不絕，則為用之廣，當非拉氏所可逆料；蓋島內一元以下輔幣之缺乏，各階級人民均深感其不便。檳榔嶼僻處一隅，標準貨幣之利益，公司獨靳而不與，雖嘗用立法院法案名義，定盧比為公司轄境內通行之合法錢幣，檳榔嶼並不見外，然已足驚異矣。

不列顛東印度公司接到拉愛德大佐之函件，覆以書，贊成其籌款之計畫，惟貿易捐一項，因該島尚無力擔負，日後始見實行。飲酒向所不禁，且加鼓勵，而徵收捐稅之人員，亦所愛護，抗命者處重罪；故下文所述烈酒販賣權出租之計畫，似不無興趣也。

「烈酒零躉特權，每年出租於願出最高租金者，惟須參酌時間與數量，訂立章程，務使流弊不生，而於人民體質無傷。」

一七八九年四月二十三日，檳榔嶼發生第一次大火災，損失財產值西班牙幣一萬五千元以上。拉愛德致公司函報告災況，亦提及烈酒租金額量每月計西班牙幣二百五十元，並呈上貨品單

（大都航海軍需物品），一紙要求公司照單運往，謂將視其售價，然後呈請總督轉呈董事部，每年運輸英國大宗貨品若干於檳榔嶼。當此之時，東印度公司爲英國商界領袖機關，凡供其驅使者，皆得分霑其利。

拉愛德對於殖民地之意見

一七八九年十二月，拉氏在加爾各搭接到威爾士太子島之報告書一件，爲吉德大佐所繕錄，要求拉氏對於下列各端發表意見。

(一)若加提倡，本島能生產居民日常用品而無求於他人否？

(二)能畜牛羊以供艦隻之用否？

(三)據稱依里卡島盛產木料，宜於製造檣桅，究如何而可推廣其用途，使無棄材乎？

(四)依里卡島傾斜而下，可泊戰艦，應否築設碼頭？需費幾何？

(五)島內錫苗，若加採掘，能獲利否？

吉德大佐報告書結尾數語，允稱精警，其言曰：『公司佔據威爾士太子島，於今忽忽三年，而貿易上尚無利益可言，徒增擔負耳。』

拉氏覆書頗多重要之點，玆述其大要，並撮錄數語於後。

拉氏覆書首言檳榔嶼能產巨額之米，並歷舉當時產米各區，以示其言之不虛；因復進而言曰：『據以上諸證，可知本島將來民食問題，不必憂慮，蓋其足以自給，已屬毫無疑義。』雖然，據拉氏所述，一七八九年頃，檳榔嶼產額凡六千 maunds（印度衡名，每一法定 maund 合金衡百磅），恐是年而外從未有此巨額，則其所謂毫無疑義，人容有不可盡信者也。

次及畜養牛羊，則謂馬來人皆以爲與其自畜，不如自吉打運入之獲利較厚，但拉氏之意，以爲他日牛羊之需要增加，島中亦能增加其供給；其願望之奢，殊非爲該島環境所許可，與其對於米糧問題之意見無異，要皆出於理想，出於希望，不能見諸事實。觀其對於畜養牛羊意見之結語，更可明矣；其言曰：『故牛羊諸畜，島內必能自給，我已認爲毋庸疑議，且預料三年之內，若有大戰艦五艘，泊留本島三月，亦可不患無新鮮牛羊肉之接濟。每年自孟加拉運羊一二百頭來此，則三年之內，醫院及軍官皆可常食羊肉，按諸經驗，羊之從他地輸入檳榔嶼者，肉性尤佳。』此說良是，惟羊果輸入，豆類亦須源源接濟，不至乏絕，方能如願以償。拉氏復進言因檳榔嶼之地位與貿易，而所得之種種利益，且斷言此利益之年有增加，乃至無疆。遂於其覆書之結尾，條舉各項利益之彼所認爲顯而易見，不可抹殺者。約舉如下：

(一)港口優良，停泊穩便，狂風駭浪之際，有所寄庇，且能容留無數船隻。

(二)水量充足，土質優美，五萬人居之，堪以自給，所需各物，無不完備，且能安居樂業。

(三)口岸適宜，利於貿易，每年輸入總額，已達西班牙幣六十萬元。

(四)商船可以寄泊其中，以便修理，並接濟糧食木材及飲水，而不受敵人之侵凌。

(五)得地利之宜，爲商業之中心，商賈雲集，船舶輻輳，貿易之盛，不難預計焉。

不列顚東印度公司對於拉愛德之意見與希望，似表同情，從此關於檳榔嶼開支問題之議論，寂然者久之。

拉愛德被控

要求加薪

當是時也，公司盛行一種制度，准許其僚屬——尤以擁有權勢者爲然——逐商場之利，以厚其俸入。若在遠地如檳榔嶼者，則不啻攘奪其總督經商之權而壟斷之也。後文錄拉愛德致印度總督書，將此制度之流弊明詔於人，其諒直洵爲恆流所莫及，時一七九〇年五月十九日也。其言曰：

『總督勛鑒：今有一事，雖似純屬我個人問題，實則有關本殖民地公衆之福利，敬陳述如左：

『當予初次受命來此開拓殖民之地，對於薪水問題或將來條件，並未與政府訂定，政府但命予負擔一切費用。我公履任之後，辱蒙賜以俸給每月一千盧比，加以經商所獲之利，合供總督府之維持費，尚不至捉襟見肘。予個人開支合建築費計之，每月約需西班牙幣一千五百元。至於經商特權之屬於本署者，惟在貨物入口時，因本署勢力之大，得有首先購買之機會，他非所知。此項特權，予雖從未用勒迫手段以致之，無如道路流言，信以爲然，私衷隱痛無已。近常反求諸己，深自抑制，冀以止偏私之言，塞讒慝之口，若非在今日情勢之下，予且決然引退，或亦必奮身以圖報復矣；蓋今本署已與商賈聯絡一致，雖祇一商人來，亦但知總督爲商人領袖，與之經營買賣，而不知其他，此層首應察及；至於予個人之進退，尙無關輕重。若以經商專權委諸權勢者之手，則雖任意恣睢，亦無從予以遏止，尤堪痛惜者也。

『殖民地今方蒸蒸日上，欲招致資產階級，其法莫善於開放門戶自由貿易，凡特權，專利權，及一切商業上之束縛，應一概廢除之。

『華八君方欲來居本島時，嘗語予，謂非得我協助，特權之制，無從剷除。其他各人意見，亦正與華君相同。我總督一日而爲商人領袖者，對於特權之隱變一日而不得減免，故今所望於吾公者，不特不聽信流言，且酌加吾之薪水，使不必假手於經商，而本署可以維持，讒言可以息止，卽將來風燭殘年，亦不至窮而無告也。』

公司覆拉氏，書承認公司官僚逐利之流弊，而不從其加薪之請求，但願殖民地日益發達，使拉氏之志願得遂，而其他各項開支，亦得就地取償。

殖民地近況及前途希望

一七九二年八月二十四日，拉愛德上書印度總督，將殖民地最近情形，前途希望，以及對付五方雜處之民使之整飭有序之困難，盡情描述，逸趣橫生。下文摘其要略：

「本島居民增加甚速，自西里伯，蘇門答臘及雪蘭峨遷徙來此，今尚在途中者，男女老幼不下千五百人，其他自東方各國來者亦絡繹於道。船舶乘客，彼去此來，每一月間，自千五百人至二千人不等。居民共計七千人，公司僱員及傭役共計千人。以開闢未及六載之小島而居民已達萬人，則其土質優良，地位利便，而宜於通商，可證明矣。居民既五方雜處，良莠不齊，欲爲之排難解紛，使各安居樂業，實不勝其煩擾。

「今所有之稻田實數，不能奉告，開闢第一年之稻田，今多種以椰子、檳榔、果樹、樹膠、甘蜜及胡椒之屬，低濕之地，年受洪水之汎濫者，將專供種稻之用，若悉加墾植，則以馬來量度測之，當不下三千英畝。其林莽已除而尚未開闢者，計一千英畝，若能自吉打招雇傭工，則墾植之地，當不止此。日工工資每工七角五分；伐木工人每月可得工資九元。牛羊過多，牧場不足敷用，遂侵入良田，踐踏禾稼，農民苦之。

『就考察所知，本島各山，皆合花崗石，黏土及腴壤三者而成。山崖峻峭，都非人跡所能至。山脊褊狹，多陷入深谷，起伏不常。山中多急流，奔放直下，而成瀑布，以在北部者爲最大。自入森林處至瀑布長二哩七十三碼，有道路相通，隱居其間，安適無比。瀑布共計高三百四十二呎，或直垂奔放，或緣坡而下，高六十呎。及抵山麓，有小石池在焉，自茲以降，懸崖削壁，不一而足，勢尤峻急。沿途高樹密布，濃陰蔽日，此其景狀，以視美洲之大瀑布，雄偉不如，而秀麗殆過之。空氣涼爽舒適，中午寒暑表升至七十六度。山上有大樹，有籐烏木黃樟及各種紅木，可以製器。山間氣候寒冷，宜種歐洲果樹；錫產於最高山之巔。一山聳立於 Roddam Hill 之上，嘗見一樹，果實酷肖豆蔻，武吃人及荷人之返自香料島者，皆確信其爲豆蔻無疑。其果不香，花則氣香而味辣，果皮如桃子，而味酸澀；生長叢林，陽光不能及，若移植之，倍其天然高度，則果實必不佳美。不幸此樹在發見以前，已經伐下，今所存者，雖爲其同種，而本年並未結果。低窪之地，有樹數株，其果實與野荳蔻相類，惟爲數無多。此後或可實施種植，加以改良，便可成爲一種商品，乃我之所願望也。

『賽何山（Syed Hussain）及賽甲佛（Syed Jaffer）二馬來人，係阿拉伯種，資財殷富，家族蕃盛，已移居此間，頻請正式宣布若輩所應遵守之法律，許其自由管理家族及傭役，奉行摩訶末之戒律，並許其於起居有所不便不適之時，舉家遷徙。與之辯論良久，始允留居於此。我未得我公之贊許，權力未備，不敢遽與訂約，當卽告以居民不應目無政府，完全獨立，苟不妨害國利民福，則自管理家族及傭役，可准予實行。凡宗教上之戒律習慣，可不加干涉，孩童眷屬，亦可聽其處罰，但刑罰之重，至殘廢至死，則慘酷殊甚，在所必禁；若獲罪較大，罰在鞭笞以上，則犯者應卽下之囹圄，按本島法律審詢；凡遇案件之關涉若輩及本島居民者，或遇若輩公然犯法，則概須按照公衆法律審詢之；若輩設欲舉家遷徙，則無論何時，悉聽其便。賽族人民皆自負爲先知之後裔，不願受他族之威脅，馬來王咸禮敬之，視爲神聖不可侵犯，不敢處以重罰，所敢加之於其人者，或罰款，或驅之出境耳。若輩經商，皆不納稅。輕視奴役，不屑與之交談。善妬，遇有與其婦密談，或在其婦房中者，必寘之死地而後已。

此其請求正式訂約之主要原因也蓋欲使其族人不受法庭之審詢也竊謂可以採取中庸之道，不妨害其宗教與習俗，亦不聽其任性妄爲狂暴不羈輕重得宜庶幾有當。

「我已派定書吏數人專掌婚姻，生死，奴隸及買賣田宅等登記之事；今方試辦，缺陷良多，由漸以進，當能使訟息而刑措。

「近來盜賊橫行，不堪其擾；幸而緝獲，懲以鞭撻，或遣之入公家土木工場，或逐之出境，以昭炯戒。

「約在午後三時，見有中國人一名自殺於檳城家中，除喉際刀痕外，絕無其他被害痕跡，亦無嫌疑犯可獲。聞之中國官吏，死者因病寒熱而致癲狂，乃至於是，其父若祖，皆自殺以死云。

「晚間一馬來人與其妻爭吵，嗣見婦死於甘蔗園中，而夫受傷在室，遂送入醫院。其傷痕之在頸與肩部者，深可三吋，在腹部者甚輕。據其自述，彼方熟睡，其妻自枕下出匕首刺其頸及奮身而起，則又刺其腹，幸彼抵拒得法，不獲逞；彼乃奪匕首而刃其妻之頸及腰，其妻負創奔入園中，卽氣絕而死。此事旣無證人，祇得就爭吵情形定案。據醫生言傷者傷痕極深，且近要害，決非以自刺詐飾者。船長，官佐及員役來訴其不平而控之者亦不絕，吾實不知如何對付之也。

『如蒙我公裁可，我以為可設一審檢廳（Court of Enquiry）於此，由公司官吏二名及三名以上之海軍官佐組織之，授以權力，使遣送罪犯至孟加拉，聽公發落。』

本殖民地之目前計畫

『不列顛東印度公司建設本殖民地之最初計畫，已略有變更，今所存於心目中者，大抵不外下列三項：

（一）廣招移民，殖居島內，勤於種作，以供給船舶所需之糧食及飲料等物。

（二）推廣商業，以裨益我殖民地，而便於印度工業界生產界之每年匯款於公司分設在廣東之財庫。

（三）增加歲入，使與歲出相抵，而與上述兩項計畫無所阻礙。

『公司對於本殖民地之主要計畫，既如上述，請再述其計畫已成功到何地步，及方今應予施行之計畫安在。

（一）本島居民之激增，已足驚人，農業之發展，就六年以前，榛莽遍野，荊棘滿途而論，其開闢之速，亦可謂充極其量矣。所產穀粒，已足供居民之消費，惟常留此間之船舶乘客，則尚須仰給於他方，故公司建設本殖民地之第一項計畫可謂如願以償。

(二)本島商務，年有進展，固有目共睹。即就武吃人船隻而論，本年運來之金銀額量，計值二三十萬元，購買鴉片及疋頭貨以去。若市況順利，投其所好，而常來通商，則就我所知若輩前在家內買賣之情形，數年之內，輸入金銀額，每年可達五十萬元，我即將其數之半，概用金幣，送到戈羅麥狄海方面，採購各項疋頭貨物，其半即將用以購買運銷中國之貨。故武吃人方面之貿易，若能加以鼓勵，必能裨益戈羅麥狄海之商業，而便於匯款至中國。

本殖民地用以堆積運銷中國之貨物，爲用已非淺鮮，今貨棧已經建築，則其用途之廣，尤當與日俱增矣。

提倡自由貿易以發展商業之計畫，已見成功，竊以爲可照此進行，不必更變。

(三)本島歲入年有增加，就今收入額而論，不久必能與歲出相抵，可無疑也。我今正擬將各項奢侈品之專賣權出租於人，冀於一七九三年至一七九四年年度內增加三萬元之收入。

本殖民地之目前計畫　一二五

客有言於我者，謂公司誠能專賣鴉片，則本殖民地開支可由以撥付，我獨未之敢信；且若本島衆商經濟果能供應如所要求者，我亦決不額外再向公司請求鴉片二百箱矣。』一七九二年十一月十二日。

拉愛德之作此書，大抵因恐檳榔嶼將立即實行抽稅，而經商不獲自由。拉氏果寬大爲懷，對此能不深致惋惜！所以極言該殖民地利源之廣溥，而最近期間，歲入可抵歲出。然其希望雖似極有把握，終未實現，且恐永無實現之日；蓋其實際問題之所當解答者，即檳榔嶼爲一不列顛殖民地果能使不列顛人彌補其所損失之費用與否耳。此項問題，涉及政治範圍，不能詳加討論；即如英人到此後，鄰國因而所得之利益若何，亦爲值得討論之一端，而欲歷舉反對與贊成者之意見，並兼顧及於道德及金錢兩方，已可自成一種有價值有興味之著述矣。

一七九三年三月，拉愛德上書不列顛東印度公司，附呈一七九〇年至一七九二年三年中檳榔嶼與馬來船隻間之貿易報告一紙，遂乘機申述檳榔嶼既爲自由口岸，欲得一詳確之貿易統計，實不可能。其言曰：『我常令船主報告賬目，船主或舉實相告，或竟示以殘缺不全之賬目；其故因船主常昧於其貨物之性質若何，我縱能於海關賬目中檢知貨物之登岸者若干件，而終不能如總督所命一一估定其價格也。』雖然，檳榔嶼貿易統計，固年有報告，包件貨物之價格與性質，往往由推測或假定得之。

拉氏進口貿易之報告，有關於奴隸者一項，據所稱述每名値價四十元，而年齡性別及來源均未詳。其輸入之數，一七八〇年九名，一七九一年七名，一七九二年增至四十六名。鴉片之由馬來小艇輸出者，年有增加。一七九〇年僅百有五箱，一七九一年增至百有九十三箱，及一七九二年又增至四百八十三箱。出售鴉片及其他各貨所得利益幾何，報告未詳，故檳榔嶼開支總額，亦無從而知之。

關於軍事者二項，一爲公司 Coffrees 三千二百九十二名之維持費，一爲 Provost Guards 四百三十八名之開支。其內容不可得而知，或所舉兩項均非關於軍事，所謂 Coffrees 或即海員或奴隸之輩；而 Provost Guards 或卽指今日之所謂警察。總之此外並無述及警察及裁判官之句語，有之，惟執行罪犯一語耳。但罪犯姓甚名誰，何類人物，及如何定罪，亦並不另詳。島內官吏本不操生死之權，惟罪犯可由軍事法庭審詢，如犯死罪，須聽孟加拉總司令判決之。報告中所舉罪犯或卽依此判決處死，但今所存之紀載絕無提及之者。

第二次報告述及威爾士太子島英國居民截至一七九三年六月一日止，所有家產及商品之價值。

次述威爾士太子島英國居民之船舶及其貨物於一七九三年六月之初在馬六甲海峽及其東部之冒險情形。次復述一七九三年六月一日威爾士太子島所存貨物之預備運銷中國等市場者，而泰半爲運銷中國之貨。

最後述及威爾士太子島之磚造房屋，並估計其價值。計有住房二十所，貨棧及店舖無數，皆屬於歐人及士人，價值西班牙銀八萬八千八百五十元。此外尙有麵包店一所，貨棧若干所，則爲高克蘭君(Hon. Mr. J. Cochrane)所設。高君洵可稱爲檳榔嶼始創麵包店店主，至其身世，則不可得而詳矣。

第三次報告，估計不列顛東印度公司在該島所有一切建築物之價值，共值西班牙幣十二萬六千元。其後上書，報告該島於一七八八年至一七八九年一年中之經費；經費之徵收，大抵以是年爲第一次。

一七九三年發生兩項顯著之事件，遂促進設立裁判所於威爾士太子島之提案；此案向東印度公司提出，由公司轉呈國府。其第一項關於民事。據孟加拉呈董事部函稱，拉愛德有被控於加爾各搭大理院之形勢，已囑公司檢事長代爲辯護。董事部覆書，贊成委託檢事長代辯，且謂設立裁判所一層，當及早提出討論。但拉氏被控，似未見諸事實，除下述事跡外，亦無其他跡象可尋。『有賴翼德 (Mr. Wright) 者，僑居檳榔嶼，爲一商賈，死後無遺囑，其遺產遂由拉氏雇用解亭 (Gardyne) 及林棐(Lindsay) 兩人盡行變賣，分償其債主之在島者，積欠旣淸，加爾各搭之潘魯 (Perreau) 及柏齡 (Palling) 兩人，忽於一七九一年四月二十九日致書拉氏，謂彼等已向大理院領到處理賴翼德遺產公文，並授拉氏以律師之權，託其追回財產，附以賴君所出二萬盧比債券一紙，蓋彼等旣爲處理賴君遺產之人，應與其他債主按額公分資款也。拉氏得書，卽囑解亭林棐結算賬目，遂以餘款匯交潘魯柏齡。此事遂告一段落。其後解亭赴孟加拉，潘魯柏齡竟向之追求賴翼德之財產，並勒令交保，以備下期依法起訴。』一七九三年五月十八日。

第二項關於刑事則因歐人殺歐人而發。史密瑞君（Mr. Smithers）者，小大衛艦（Little Davy）之主人也，居（久暫未詳）尼古巴羣島。其艦向由名薩德斯（Sudds）者管理之，常泊史密瑞宅外。其後不知緣何事故，史君忽決意收歸自理，數日之間，對於薩德斯迭加橫暴之不足，且欲縛之樹上而痛撻之。薩德斯攫鎚猛擊史君，史君頭部受重創而死。薩乃揚帆而去。其後該艦如何而至檳榔嶼，薩如何而受監視，則又書缺有間。一七九三年九月三十日，拉氏告總督曰：『今依從一七八八年一月二十五日我公來信第七節條文，託依麗沙斯娜艦（Eliza Snout）飭送罪犯一人前來孟加拉，名薩德斯，犯殺人罪，聽候加爾各搭大理院發落審檢廳關於此案審詢經過情形，一併附呈台督。

審詢經過情形，冠有「一七九三年六月二日康渥利斯城堡審檢廳奉拉愛德總督，麥克利斯德少佐（Lt. Norman Mac Alister）及達夫少佐（Lt. Robert Duff）命謹錄」等字樣。

下文錄其大略，以見本案要點及審檢廳判詞之一斑：

「小大衛艦之水手長陶威夷（Dowayee）來廳稟告，謂史密瑞君上船自任司令後七八日，對於薩德斯舉動安詳，嗣後日加鞭撻，待之甚惡，一日史君告薩；「自我登艦，爾無所事事」，遂令薩釘船舷，補破帆，薩亦從命。但史君不以其補帆之法爲然，命製新帆，薩辭以不能，且曰：「我未嘗得爲官，常爲舵工，惟不拉育君（Mr. Prior）嘗擢我於官佐之列耳。」史君遂塞其口，反縛其手，綁其兩足，取籐條一根，大如手指，分裂爲四，力撻其赤裸之背，至鮮血淋漓始已。乃斥之下，使與土人水手爲伍，不許與己共食處，且囑水手不以盌碟進食，但用椰殼，越數日，我以我之木盌進食於薩，適爲船主所瞥見，即以木爿擊我臂，曰：「戒不從命也。」

「船主被殺之日爲六月七日。侵晨，船主命薩釘船舷。約在午後四時，船主又藉口工作不良，與之尋釁，命舵工馬太（Matthew）縛而懸之，並許船員向之各鞭十二，舵工躊躇不敢前，薩亦哀求船主勿鞭，謂以羸弱之軀，復遭痛撻，是促其死也。船主聞言，忿然作色曰：「若死，我輩將投若於長流之中。」於是薩德斯奮身躍起，以鐵鎚猛擊船主首，凡三擊而破其腦。方薩舉鎚進擊時，或即奔告之，曰：「船主不可打。」薩則曰：「與爾無干」，並以鎚擊我，我負創遁入水中。薩乃召集全體員司共擊船主，惟有馬來水手一名應之，以杖擊船主頸。船主既死，薩招我登艦，謂不我毒也；我從之。薩卽令馬來水手投屍於水中，水手如命。

『馬太拜羅 (Matthew Pedro) 證實陶威夷之言。水手孫林 (Sunlian) 亦來廳稟告，與陶威夷之言盡符。據稱船主常鞭薩，薩以鎚頻擊船主首，適中其腦而死。馬來水手卡新 (Kassim) 來告：「船主數撻薩德斯，薩以鐵鎚重擊船主首者五六次，船主遂死。」薩乃命我鞭船主屍，我拒之，彼卽欲以鐵鎚餉我，不獲已，取杖擊屍者再。」鍾邦彝 (Chun beange) 又出而證明船主被薩鎚擊三下卽死。廚丁拜馬 (Pegmal) 亦申證上述一切供詞之不虛。

『審檢廳因此深信史密瑞君確係被薩德斯鎚擊三下而死，以爲不必再事搜查證據。』麥克利斯德少佐達夫少佐簽字。

上述威爾士太子島審檢廳關於殺人案審詢之經過，東印度公司接到後，移交檢事長保羅君 (Mr. Burroughs) 辦理，囚徒薩德斯遂得開釋，一方面報告英國，提議設立裁判所於威爾士太子島；此外毫無動靜。此項提案，越數年始見實行，裁判所 (Recorder's Court) 蓋於一八〇五年始設置云。

一七九三年九月二十六日，檢事長保羅上書印度政府秘書海君(Mr. Edward Hay)文曰：

『本月十八日大函祇悉，薩德斯犯殺人罪自威爾士太子島押解來此，辱蒙垂詢處理辦法，無任欣幸。

『拉君來信及審檢廳審詢之經過，大理院不能引爲控案之證據，法官亦不應根據之，遂繫薩於獄，而加以審詢焉。

『復查審詢之經過，似未經合法官吏之手續，卽謂已經合法手續，而合格之證人若能若此出庭者，則亦不應遽以爲證據。

『若無證人偕薩同來，我以爲無論在此或在馬德拉斯，皆不能處以合法之手續。若有證人同來，則我當先行核察各項情形之未具載於文件內者，然後決定其處理之辦法及審詢之法庭。

『蓋小大衞是否爲一英國艦隻，在領海內，抑在領海外，以及薩德斯是否爲英王子民，皆不應略而不詳也。據已知各節，竊疑薩德斯確屬英民，小大衞確屬英艦，當此案發生時，艦泊於尼古巴羣島之左近。果爾則此案應歸海軍裁判所辦理；聞馬德拉斯設有海軍裁判委員會，似可歸其審詢。

『大理院之海軍裁判權爲國憲所限制，不能伸張及於尼古巴羣島及威爾士太子島。按照現行法令第二十六章第五十七節第二十九款之規定，竊恐大理院之權力不能審詢海上罪案。無論如何，馬德拉斯刑事法庭與大理院所得於上述法令之權力相同，審詢之後，如以爲此殺人案不發生於海上，而非海軍裁判所權力所能及，則馬德拉斯固無異於大理院，薩德斯必服從審詢，惟按照喬治第三法令等二十六章第五十七節，必先證明薩爲英王之民耳。

『由審詢結果，即可斷定此案應歸馬德拉斯海軍裁判所辦理，抑歸刑事法庭審詢？如兩皆不可，則裁判無從着手，因威爾士太子島總督及本月十八日大函所示關於查辦該島殺人等案之方針，實無何種法律可資憑藉，而贊助其成功也。

『我嘗一再提議設立裁判所於威爾士太子島，晏陀蠻羣島（Andamans）及望古粦（Ben Coolen）等地，茲聞東印度公司已將此案提出董事部討論，我可無庸贅及矣。

『惟尙有不能已於言者，卽審檢廳所得關於薩案證據，不足以證實薩犯謀殺之罪，甚至僅可定其殺人之罪名，而認爲不過故殺，可從寬處理也。

『故若薩之來，未得證人爲伴，我不得不哀其處境之孤苦，曷若交由馬德拉斯審詢，准其交保，聽其自由，俟開審時再加管押？既無證人控指其罪，而彼果請求開釋者，將何所恃而繫之於獄乎？彼審檢廳所得證據，即一旦爲董事部所見，我以爲既無證人偕來，則薩之開釋，亦必不認爲違犯司法明文也。

『今將各項文件如命奉還，乞察收是幸』云云。

拉愛德逝世前數月，上書總督曉爵士 (Sir John Shore) 力主設立裁判所於威爾士太子島。此爲拉氏最後之書牘，奚可忽諸？拉氏於一七九四年逝世。其死時景狀，紀載闕如，今所得而考者，對於其冒險阻，披荊棘，以殖民東土，開闢荒島之精神毅力，亦湮沒不彰。其墓碑之上，大可鐫以文曰：『汝欲搜訪紀念碑乎？盍環顧之！"Si Quoeris Monumentum Circumspice"』。拉氏名震東土，衆望所歸，今既死矣，士民之嚮風來歸者，其失望爲何如哉！至其知士民之稔，則下文於其詳述檳榔嶼各級士民之一信中可以見之。拉氏之作此書，或已自料其死期不遠，故諄諄懇請委派繼任之人，以稔知民情風俗及言語者爲合格，並請訓練官員若干人以供服役島上之需。其對於建設該島之計畫，既簡便易行，又力主儉約，顧繼其後者，上自政府，下至地方官，皆不能行如所囑。總督及其二三助理改名爲參議院總督，設立大規模之民事廳，置裁判官一人，且設立大規模之刑事廳焉。

下文拉氏致總督書，係作於一七九四年一月二十五日，乃其一生最後之公牘也。至繼任者之姓甚名誰，則不可得而考矣。拉氏沒後數年，檳榔嶼有英僑名洛培德斯高德(Robert Scott)者，就聖喬治教堂(St. George's Church)廣場與房廊相對之處，爲樹碑石，用志不忘。勒以文曰：

拉君愛德生於英倫之薩符克省，沒於一七九四年十月二十一日，首先開闢本島爲英國殖民地，身任總督者數年，特勒數語，用垂不朽。

(位爲總督，聲威遠播，殖民士人，咸深愛慕，身雖不祿，德信已孚，萬民哀之，如喪慈父。)

拉氏最後致總督書錄之如下：

『總督勛鑒；本殖民地邇來庶民衆多，來者又不絕，各方面情形，皆足以表見設立一較爲正式政府之必要，不應若今日之專委於一人之手也。客民時有來往，數不在少，警察之需要孔亟。居民錯雜紛繁、宗教、法律、言語、風俗、都不相同，頻來呼寃訴苦，常須爲之排解；且其數日增，卽分割土地，劃定疆界，提倡實業，施行急務等等，已足令一人當之而有餘，而今皆爲總督之所有事也。

『一七八七年一月二十四日貴部來信，嘗謂一旦總督死，當以陸軍司令繼之。爲暫時計，則可矣，若將軍民刑三部權力委諸一人，中間並無其他威權可以節制之，領導之，歷時較久，竊恐軍官不習於其環境，致發生不良之結果，然後知三部權力之宜分不宜合，因再遣派文官，文官於其始也，亦必不知所措，惟通譯是賴，且於人民習尙素不之知，奸詐之徒，得於其間大肆伎倆矣。職是之故，竊謂政府應卽遣派候補總督來此，以便對於民情風土言語習俗之知識，事前胥有相當之準備。

『朱利亞人以外居民之諳悉歐洲政治者甚尠。生長於封建制度之下，封建思想深入腦髓，欲加改革，殆非易易。試以嚴明之軍法軍紀繩之，則必相將引去，殷富有用之居民必且絕跡矣。故應設置寬和勤敏之政府以治理之。居民常有求於島中領袖。族類不一，自相忌嫉，裁判者若稍存偏見，彼必堅不肯服，憤憤不平。故裁判官一職，將來數年之內，仍必不勝其煩擾。故任此職者應先熟悉民情風俗，然後爲政，庶免隕越。比古君 (Mr. Pegou) 在此有年，令掌民事，必能稱職；但爲欲使人才繼續不絕，而各項設施委託有人起見，特提出下列辦法呈察：

『總督應有副官三人，一掌保管銀錢，一掌支出及會計，一掌收稅及土地戶口登記。

『副官三人輪流充任裁判官。普通堂會每月召集一次，由總督爲會長，率同副官二人，軍官二人及最能負責之居民二人，審詢各項刑事案件。

『收稅一職，在田賦未徵之地，似非必要，但田畝之增加，既若是其速——胡椒園尤甚——，其考察及登記等事，已須雇用專員以任之矣。田園事務部（Board of Plantation）應予設立，不時集會，收稅及土地戶口登記員例須出席，議決策略，分田劃界及勸農等案，若非需費甚大，須先呈報貴部請示辦理，一得總督批准，卽可施行。

『欲使各部事務之進行，整飭有序，成效卓著，而不添設副官以資佐輔，恐非事實所能許可。

『爲便利我公察知此間社會現狀起見，請再述各民族情形之要略。

『華人最堪重視，男女老幼約計三千人，凡木匠、泥水匠、鐵匠皆屬之，或營商業，或充店夥，或爲農夫，常僱小艇運送冒險牟利之徒於附近各地。因華人以興利，可不廢金錢，不勞政府，而能成功，故得其來頗足自喜。惟其言語非他族所能通曉，善祕密結社，以反抗政府法律之不稱其意者，其人勇而敏，恐必爲禍於將來。但缺乏膽略，乘其叛志未萌，可重其賦斂也。華人牟利不倦，既得之，則與歐人相若，但知恣其耳目口腹之慾，並不待「腰纏十萬」「騎鶴」而返故鄉，每年常以贏利若干匯寄家中。稍有積蓄，即娶婦成室，度其單純不變之家庭生活，至於終老。隨在皆有師傅教誨兒童，亦有遣送男兒回國求學者。女子居家，防範甚嚴，至出嫁爲止，既嫁，乃大解放。華人嗜賭，無約束，因而身敗家亡者，蓋比比焉。

『次爲朱利亞人，來自戈羅麥狄海之各部。泰半居吉打已久，亦有生長於彼中者，皆充店夥及苦力。居此者約計千人，有偕眷同居者。朱利亞人每年自戈羅麥狄海乘桴來，千五百名至二千名不等，或經商，或作工，得銀餅若干，即歸，而繼之者又至。如是往復不絕，實爲本島財源漏巵，但皆爲公司轄境人民，亦不可謂非有益於衆也。其人一般性情，人所共知，不庸贅述。惟其中與馬來人相處已久者，較之初從戈羅麥狄海來者，尤爲兇惡，然要皆不足信，亦不足畏。

『暹羅人與緬甸人宗教風俗相同，而言語各異，爲本島居民之又一族，約有百人之數，皈依羅馬教者頗多。其人都勤勉事耕作。

『阿剌伯人亦有數家，門多傭役食客，皆虔奉回教，性亢傲，不願受治於人。善經商，足跡遍各國，而在馬來人間享有特殊權利。論其性格，則良友而亦惡仇也。

『武吃人之居此者，今尙寥寥，但每年來此經商，淹留二三月，數約一二千人，在本島亦佔一部份之勢力，不能不述及之。其人皆信回教，性傲慢，好勇鬬狠，頗能獨立，易使性，有仇必報，往來船隻，常藏有利器槍械，使用極熟，善經商，在東方各島無能與媲。寬和隱忍以臨之，善加撫慰，而不用武力，較易駕御。彼若作奸犯科，試以和言誘掖，使之就範，必能促其醒悟而得美滿之結果，若以嚴法繩之，則非所願矣；嚴防之而愼處之，其唯一之良法乎？其輸入品若鴉片，若疋頭貨，皆大有價値，不可多得，凡百商賈，咸爭購之。

『至於馬來人，則族類繁多，有來自吉打者，有來自馬來半島其他各地者，有來自蘇門答臘及爪哇兩島者，亦本島居民中之一大成分也。其人泰半皆貧苦，藝術及工商業皆非所知，僱以伐木，則敏而且勤，用以耕種穀物，亦能勝任。類而別之，可得兩派：一爲農夫，溫良易治，不能任勞苦，僅稍從事於耕種穀物，甘蔗及果樹等輕便工作。一爲海員，浮桴航行各島，類皆不軌之徒，好吸煙賭博，傷人越貨，爲其慣技，惟恐不能成功。十人或十五人同居一船，船似僅足容六人而已，數月之間，伏處人跡不至之江河港灣間，以伺行不戒備之商賈。怠惰閑忽，藉樹根芋薯及魚介爲生，一見「買賣」，則抖擻精神，要而刼之，裹脅歸家，或至他處揮霍其所得刼掠品，恆以一部份獻給頭目，然後在其保護之下，恣意浪用，盡則重復四出搜尋新「買賣」。馬來人封建之制，實足以助長盜風；各頭目皆欲羅致好勇狠鬬之徒，爲之刼財物，報仇隙。

『此外尚有公司僱員，歐僑及船客，約計二萬五千人，常居本島。

『欲使以上各族人民相安無事，並爲之排難解紛，使不相賊害，應設專員一人，承審各項訟案，使得平直。其案件之關係重要而可以立予發落者，約舉如下：

『關於商務上之爭執，歸仲裁部(Court of Arbitration)處理之；部由公司僱員及島民四人組織之。關於土地上之爭執，歸田園事務部處理之。故犯或擾亂治安，或傷人等案，歸普通堂會處理之。如案件之關係各方皆爲客民，而正欲離島他往者，任何官員三人皆得召集普通堂會以判決之。

『吾國已允許保護本島居民，則爲本島平安福利及國家名譽前途起見，應設正式裁判機關，以司平直，至於審斷大權，委諸總督一人，其能否處理得宜，而無乖德義，姑置弗論，而其制度之專橫與失當，則不待言而可知矣。

『本函各節務希迅予察奪施行。』

不列顛東印度公司接讀拉氏書後，隨即釐定規章若干條，以供威爾士太子島處理案件之用。此項規章，遵行無阻，直至一八〇八年五月，正式司法制度頒行爲止。

拉愛德大佐及其儕輩，對於威爾士太子島所以抱有遠大之希望者，實以該島地利之勝，足以見重，初非利其物質上有何等之濟助也。實則當時之檳榔嶼，較之未闢洪荒，僅略勝一籌，凡百器用財物，皆由吉打供應。內地榛莽塞途，欲加墾殖，工程艱鉅，然而闢爲永久殖民地之計畫，絕不因此而有所折撓，意志堅決，一如曩昔。

土民各按國族派以住所。歐官則擇地居之，務使居高臨下，易於統治。拉氏第宅，寬闊宏壯，名曰薩符克宅，蓋所以志其對於梓里拳拳之意也。宅之四周，作公園狀，宅之形式，酷肖薩符克曼爾頓市鄰近之村舍，則因為拉氏所熟識。新殖民地之上，移民自各方集合，自吉打來者絡繹不絕，而其中有志宅居於此者，尤以印度人及馬來人為最著，良莠不齊，四方薈萃。又有法國傳教師一人，率其徒衆自歐陸來此，拉氏深信檳榔嶼將來必臻發達，故亦贊成其美意。船隻自南方來，每至必運入華人若干名，設非荷人心存忌嫉，圖謀破壞英人在檳榔嶼之成功，而暗中予以阻礙，則華人之來，必更踴躍。然而阻礙雖多，而殖民地仍日進於發達，佔據未及二年，而墾種之田已達四百英畝，復一年，而居民已達萬人，卒賴拉氏規畫之妥善，最初居民得以化除障礙，安如故鄉。民既安矣，拉氏又殫厥精力，苦其心志，深以殖民地之將來為慮，不幸竟於一七九四年十月二十一日與世長辭矣。初拉氏開始佔據檳榔嶼時，卽得瘧疾，雖力加抵抗，而病益增劇，體益衰弱，加以責任日重，心緒日繁，心力交瘁，病遂不起。夷考東印度公司紀載，拉氏死耗傳至，官方漠然無動於中，惟有馬甯敦君（Mr. Philip Manington）者，已委任為檳榔嶼副總督，抵埠之日，適拉氏將死，卽於督署中厚贈拉氏，其後遂代拉氏位，嘗曰：『人謂拉氏家財富厚，而據比古君言，則僅一萬五千鎊而已。總之，為欲促進殖民地之成功，其私人資產之耗於此者至鉅且大。』加爾各搭官吏聞之，深嘉拉氏急公之精神，然而此外無所表示矣。

拉氏葬於那柴律(Narthum Road)之耶穌教徒舊塚(Old Protestant Cemetery)。墓築於塚之最高處，宛在中央，作長方形，造以磚石，堊以粉墁，狀頗樸雅，高凡三呎四吋，長七呎六吋，闊四呎十吋。今墓旁裝飾，惟見侵蝕之柱石與避雨之簷板而已。磚塋之上，則有圮毀之大理石薄板一方，鐫有文曰：

此石之下，拉君愛德之遺骸在焉：拉君開闢本島不列顛殖民地，歿於一七九四年十月二十一日。

拉君死後百年，有新嘉坡軼史(Anecdotal History of Singapore)作者勃克雷君(C. B. Buckley)到檳榔嶼，在檳城官報(The Penang Gazette)上發表一信，署名 C. B. 引人注意拉君坟墓坍毀之狀，乃有籌款重建之舉。於是粉墁刷新，鐵欄圍繞，欄設花岡石上，墓之西側另置花岡石板一方，鐫有文曰：

此石之下，拉君愛德之遺骸在焉；拉君開闢本島不列顛殖民地，歿於一七九四年十月二十一日一八九四年十月重建（適在拉君歿後百年）。

鐵欄髹作綠色粉墁原料特自英國輸入，冀欲使之不易受熱帶風雨之剝蝕也。然而降及一九〇八年而綠色全消，鐵欄銹腐，大理石板又見損毀。今則已由工務局(Public Works Department)妥加保護矣。（中略）

拉君愛德爲檳榔嶼開闢元勳，此爲其墓。君簡樸傯野，公正篤實，知欲發展英國貿易於馬六甲海峽附近，必先佔領檳榔嶼，遂精進力行，無所顧忌，卒能遂其願望。

既爲總督，深惜名譽，志潔行芳，化仇爲友。雖有粗鄙之氣，時能藹然可親，故蹤跡所屆，賢人心折。及聲名洋溢，富貴並致，而公正誠篤，一如往昔。

既而風雲變幻，全島動搖，有如地拆山崩，城壘震撼。而君禁止慌張，力持鎮靜，及見戰不可免，遂興戈甲，所向無敵，敵人披靡。君又深溝高壘，嚴爲戒備，卒使寇衆遁竄，島境敉平，從此兵力之雄，莫敢與京。

然而量己度人未敢高枕。自北至南，危機四伏。發展檳城，舍君莫屬。不幸二豎爲祟，卒以不起，哲人云亡，萬衆雪涕。（中略）

拉君歿後，長子威廉拉愛德年方少壯，卽以「東印度富人之稱」，知名於倫敦，說者謂彼可承襲乃父之權力產業，儼然稱王於東土。顧據其友威廉納比爵士 (Sir William Napier) 所述，則東印度公司董事部行其貪婪壓迫之故智，陽以金錢許威廉拉愛德，勸其割讓檳榔嶼，既得之，金遂不至。威廉拉愛德且得攝政王（後卽喬治第四）之顧盼，其父拉愛德大佐卽因攝政王而改稱檳榔嶼曰威爾士太子島。（下略）

二十四年十一月一日校完于南洋中學

附錄

前文所舉事實，未能詳盡，附志數端，聊補缺漏。

吉打王宮述略

拉愛德大佐呈達孟加拉政府之報告書中，述及吉打王宮情形。其文簡賅，描述吉打王族，親切有味。蘇丹亞都拉第一(Abdulla)年尚幼，卽位於一七七八年，爲婢女所生，得寵於其父麻辰沙第二(Mohamed Jiwa Zemeleddin Muazim Shal II.)（卽與芒克敦討論建設英國殖民地於馬六甲海峽之蘇丹），故得繼承王位。先是在一七七〇年，因王位之爭，曾有騷亂發生。爭位者得雪蘭峨及霹靂，武吃酋長之助，焚燒亞勞士打(Alor Star)王城，卒爲麻辰沙第二所威脅而遁逃於雪蘭峨，皆窮無所歸而死，惟奇亞殿下(Tuankee Jea)獨存。殿下向以道義見重，且與蘇丹關係密切，足爲其敵。而亞都拉第一，據拉君言，則『闇弱貪婪，法令弛懈；其性實懦，初非待下寬仁之謂也。其進款不外贈款與罰金二種，無論何人，有所干求，應先納賂，如彼引爲滿意，亦無他人肯出較高價以與之競，乃可訂約成事。凡鋤、犁、買賣牛羊及畜奴，皆賂課以稅。凡屬人民，皆須爲之耕田，爲之保境，費用各歸自給』。

蘇丹之商務官『爲一陰狠殘毒之朱利亞人』；支那殿下（Tuanko China）爲蘇丹妹婿，『一老狐狸也』；首相『知識鄙陋，行動反覆』。水師提督爲蘇丹妻舅，權在首相上。凡此諸人，因受馬六甲荷人所惑，皆反對英國殖民地，但拉君個人勢力卒能排除一切障礙。

總督之贈品

不列顛東印度公司總督麥克浮生爵士贈送蘇丹之各物中，有銅徑短槍（口徑大而能容許多子彈之短槍）若干及錦緞若干。而蘇丹之商務官嫌其少，故公司紀事錄之言曰：『我加以短槍百桿，應其需要也。』

荒島

此不列顛新殖民地實一荒島。曩時人口甚盛，以作海盜為生，約在一七五〇年，吉打派兵勦而逐之，人跡遂罕有至者。及一七八六年，全島百有七方英里之面積，皆長林豐草，居民纔五十八人；開闢之區，寥寥無幾，其中一區有墓地一方，則在 Dato Kramat。

三月以後

三月以後，拉愛德致佛固生君 (Mr. Ferguson) 書曰：『本島居民，增加甚速，朱利亞人，華人（都來自閩粵）及基督教徒皆有之，已各紛紛「爾田爾宅。」南圻法國主教自吉打來，已設基督教堂於此；再閱二月，恐無人敢信此島曾為荒土矣。』但欲治理此外來之民，誠非易易，且除非正式之軍事法庭以外，一切司法案件，均須由總督拉愛德及島內各民族之甲必丹幫同處理之。拉氏頗能處理得當，故於一七八九年居民已達萬人左右，一七九五年增至二萬人左右，其中華僑約計三千人。華人之來，設非荷人心存疑忌，禁止離去馬六甲，數必更多。故一七八七年二月，拉氏告其馬德拉斯友人洛斯君（Mr. Andrew Ross）曰：『所不引為恥辱者，惟荷人耳』；蓋卽指此也。拉氏恐國際間之仇隙太深，海盜或馬來人或暹人將乘機圖擾，而使居民星散，遂趕速築設「栗棒」城壘，藉資防衞。

拉愛德之戀愛小史

說者謂拉愛德娶吉打蘇丹女，遂得檳榔嶼為其妻奩資，彼此相傳，歷久不衰，卽其子孫，亦傳為佳話，愛不忍忘。

克勞福德（John Crawford）於一八二〇年力闢此說之不根，其言曰：『拉氏之妻非公主亦非馬來人，實乃暹羅之葡人。』

然尚有與拉氏同時而持論與克勞福德相反之兩人，則克氏之言，又何能遽信？其一為蘇門答臘博學之歷史學者麥士敦（William Marsden）嘗謂拉氏妻係吉打蘇丹女，其一為德拉寶大佐(Captain Elisha Trapaud) 大佐果檳榔嶼最早殖民中之一人，於一七八六年著一書名曰吉打士王賜與拉愛德大佐之東印度威爾士太子島或檳榔嶼述略。其言曰『彼（拉氏）既助蘇丹（吉打）討平亂事，蘇丹以其公主妻之，並以本島為公主奩資，拉氏固深得馬來人心，服習吉打風俗，與吉打公主偶，亦固所願。』繼復縷述馬來婚俗，頗新穎有味。

但據拉氏遺囑，其妻戴有馬丁娜羅剎兒之葡名而在琴克雪蘭（沙冷）與拉氏諧姻好。馬氏生二男三女，得遺產甚夥，檳榔嶼行政部謂馬氏之死，最早在一八二二年云。

馬氏婿威爾希 (Welsh) 於一八一八年遊威爾士太子島，自稱曾得嫁與歐人之吉打士王女儂雅英(Nonyah Y een)之款待，並由拉氏舊宅薩符克之彭迺孟副將(Colonel Bannerman)賜以接見。在霹靂之拉氏後裔法蘭西斯拉愛德有宗室名法蘭西斯多渥德(A. Francis Steuart)者著有法蘭西斯拉愛德及威廉拉愛德父子傳略，一九〇一年由倫敦 Sampson Low, Marston 印務公司出版，中有言曰：『吉打公主居檳榔嶼為拉愛德之賓客，事既離奇，知者亦鮮。』

拉愛德要求棄商加俸

史金納君 (Mr. A. M. Skinner) 於其法蘭西斯拉愛德大佐傳記中嘗曰：『彼（拉氏）意志已決，因向加爾各搭官長提議，願辭經商之職，而請求增加俸入，以足敷島內官署開支，而晚年略有餘蓄爲度。』嗚呼！拉氏一生行事之最足以表現其端潔正直者，孰有逾於此者乎？總督大賈兼而任之，當紀綱弛懈之日，欲求致富機會正多，范先達及麥克浮生卽其較著之例也，而拉氏獨淸正自持，衆醉獨醒，設令儕輩聞之，得毋疑爲狂瀾乎！

威爾士太子島之名稱

此拉愛德爲其新殖民地所起之名，今祗存於官場公牘，此外則檳榔嶼之舊名，重復起用矣。但地方名稱，足與聞者以一種感想。如喬治城因威爾士太子而得名；康渥利斯堡因開闢時總督之名而見稱；而薩符克景物優美，則拉氏倣其故鄉而建設，乃所以關懷桑梓者也。

來佛斯之先鋒

拉愛德開闢檳榔嶼後三十餘年，來佛斯爵士(Sir Stamford Raffles) 規法拉大佐，於一八一九年建設新嘉坡，然則拉大佐謂非來爵士之先鋒而何哉？羅副將 (Colonel Low) 稱拉氏謂「一明察篤實剛毅果斷之人，敏而務實，不偏不倚。」史金納之言曰「拉氏非常人也，立志不變，任事不貳，無奈天祿不永，壯志未克完成，良堪痛惜！」蓋不勝其哀悼也。拉氏善與人交接，精敏異常，對於新殖民地之福利，亦愛護備至，則吾人均已知之矣。氏又不忘故舊，沙冷一島氏居之久，聲名夙著，民亦愛之，自緬甸人被逐後，忽饑饉薦至，民生凋敝，一七八六年十一月，氏以米五百包濟之。荷人覬覦，嚴設防衛以拒之。暹人密邇，贈與馬哈大塔(Ma ha datta) 名馬以好之，吉打親王入寇，振軍旅以破之，於是殖民地安如磐石矣。或曰：「拉氏頗好同化於馬來人，服習其俗。」以彼與馬來人相處之久，感情之洽，又曷足怪乎？

一七八六年檳榔嶼割讓條約

第一條

條件——不列顛東印度公司應司海上保護之責，來攻蘇丹之敵人，即爲公司之敵人，軍需費用，由公司負擔之。

答覆——本政府當常駐兵艦一艘於其地，以防衛檳榔嶼及其附近海岸之屬於吉打蘇丹者。

第二條

條件——一切船隻，或大舶，或小艇，或來自西，或來自東，凡駛至吉打口岸者，公司所派之代表不得施以阻止，須聽其自由行駛，或與吉打口岸通商，或與檳榔嶼市易，一任自擇。

答覆——凡船舶之駛向吉打者，公司代表委託人皆不得予以阻止，一任其自由與吉打蘇丹通商，或與公司代表通有無。

第三條

條件——凡鴉片、錫、籐等物，爲吉打一部份歲入之所自得，曾經禁止進口，而出產此等物品之高仔武勝，新路頭，吉連及其他各地，與檳榔嶼相距如是之近，則公司之駐劄公使來此後，必屢犯禁例，自在意中，爲今之計，應將禁例取消，而爲賠償吉打因而所受之損失起見，公司每年應償以西班牙幣三萬元。

答覆——不列顛東印度公司參議院總督應審愼行事務，使蘇丹不因不列顛之建設殖民地於檳榔嶼而受損失。

第四條

條件——公司派來之代表，設貸款於蘇丹之親戚，大臣，官吏或人民；蘇丹概不負償還之責任。

答覆——公司所派之代表，或檳榔嶼居民之託庇於公司下者，不得向蘇丹追求其親戚，大臣，官吏及人民所負之債務，惟債主得按照本地慣例，拘捕債戶，而沒收其財產。

第五條

條件——本國無論何人，雖爲蘇丹之子若弟，如與蘇丹爲讎，亦必視爲與公司爲讎，公司若予以庇護，不加之罪則當以違約論而此條約之有效時期，一如日月之恆。

答覆——檳榔嶼居民之屬於吉打蘇丹者。不幸而爲蘇丹之敵人，或犯叛國之罪名不列顛人不得庇護之。

第六條

條件——若有敵人來侵蘇丹境地，公司應助以兵力槍械及軍需，不得拒絕，一切費用，由蘇丹償付之。

答覆——此項條件，須連同其他蘇丹要求之非得公司裁可不能卽予允從者，交由不列顛東印度公司查核，聽候命令。

一七九一年吉打蘇丹條約

一七九一年四月二十日

是年月日檳榔嶼總督英國東印度公司代表與吉打蘇丹殿下，並兩國官民，一體結爲友好，海陸咸遵，恆如日月，訂定條約如後：

第一條

終英人佔領檳榔嶼之時，英國東印度公司每年償吉打蘇丹西班牙幣六千元。

第二條

檳榔嶼所需食糧，戰艦及公司船隻，吉打蘇丹准其在吉打購辦，不加留難，亦不課稅。

第三條

奴隸之自吉打逃至檳榔嶼，或自檳榔嶼逃至吉打者，應各歸還原主。

第四條

凡債戶逃避債主，不論其自吉打逃至檳榔嶼，或自檳榔嶼逃至吉打，若不償債，應各將原人歸還債主。

第五條

吉打蘇打不准其他各國歐人移殖於其國內。

第六條

凡有叛逆蘇丹之罪者，公司不應包庇之。

第七條

殺人犯之自吉打逃至檳榔嶼，或自檳榔嶼逃至吉打者，應予拘留，並送回於其本國。

第八條

盜竊或僞造印璽者，罪與殺人同。

第九條

凡屬公司敵人，蘇丹不應助以食糧。

以上九項條款，既經締定，蘇丹與英國東印度公司訂立和約，吉打與檳榔嶼相與如一國。

和約由吉打蘇丹之代表三人擬具交與英國東印度公司代表檳榔嶼總督，有逾此盟，神明殛之，身其不祿！

和約由蘇丹代表各加簽蓋，由檳榔嶼判官彭德 (Hakim Bunder) 繕錄。

一七九一年五月一日在威爾士太子島康渥利斯堡簽蓋公布。

（忠實譯文）

法蘭西斯拉愛德簽字

一八〇〇年吉打蘇丹條約

一八〇〇年六月六日

是年月日英國東印度公司代表檳榔嶼民政長喬治拉愛思從男爵(Sir George Leith)與吉打加央蘇丹及兩國大臣酋長結爲盟好，永如日月，訂定條約如後：

第一條

終英人佔領檳榔嶼及其對岸境地（詳本條約第二條）之時，英國東印度公司每年償吉打加央蘇丹銀一萬元。

第二條

蘇丹允以吉連港口（Qualla Krian）與高仔武勝間自海濱至內地六十奧郎之地讓與英國東印度公司；上述境地由蘇丹及公司派員會同勘定，自南至北若有敵寇盜賊來攻，英國東印度公司應司扞衛海岸之責。

第三條

檳榔嶼所需食糧戰艦及公司船隻，蘇丹准其在加央及吉打購辦，不加留難，亦不課稅；凡船隻之爲欲採購食糧自檳榔嶼至加央及吉打者，應發給護照以免徵稅。

第四條

奴隸之自加央及吉打逃至檳榔嶼，或自檳榔嶼逃至加央及吉打者，應各歸還原主。

第五條

凡債戶逃避債主，不論其自加央及吉打逃至檳榔嶼或自檳榔嶼逃至加央及吉打，若不償債，應各將原人歸還原主。

第六條

蘇丹不准其他各國歐人移殖於其國內。

第七條

犯有叛逆蘇丹之罪者，公司不應包庇之。

第八條

殺人犯之自加央及吉打逃至檳榔嶼，或自檳榔嶼逃至加央及吉打者，應予拘留，並送回於其本國。

第九條

盜竊或僞造印璽者，罪與殺人同。

第十條

凡屬公司敵人，或可成爲公司敵人者，蘇丹不應助以食糧。

第十一條

凡屬蘇丹之人民，運輸本國產物順河而下，公司人員不應加以留難或阻礙。

第十二條

蘇丹所需物品之須致自檳榔嶼者，由公司代表備辦之，需費若干，由償金中照扣。

第十三條

本條約批准後，按照前訂條約，公司對於加央及吉打蘇丹所欠償金，應儘速償淸之。

第十四條

本條約批准後，兩政府間前訂各項條約，槪作無效。

以上十四條款，由蘇丹與英國東印度公司締結訂盟之後，加央吉打及檳榔嶼相與如一國。有渝此盟，神明殛之；國其不競。

盟約凡二紙，年月命意盡相符合，蘇丹與檳榔嶼總督各執一紙，由蘇丹之上官加蓋國璽，以資信守，而免爭執。

判官伊拉歆英（Ibra him Ibn）奉蘇丹命謹書

（忠實譯文）

史溫(J. Swine)簽字

（馬來文繙譯）

政府馬來文繙譯安德生(John Anderson)訂正一八〇二年參議院總督批准。

吉打與英國保護

書蠹與檳城官報書

主筆先生：

辱蒙「有關係者」"Inleresled"謬加獎飾，益令我感奮靡旣。我自審調查極其精細，凡可獲得確實材料之方法，無不一一嘗試。若能解除一般人對於檳榔嶼之誤會，而引起較多人士注意此文，則已可謂所獲多多矣。

書蠹敬上

英政府保護吉打之政策，自有其必然之勢，固不難說明之也。在拉愛德與吉打蘇丹商議割讓檳榔嶼之前，英政府曾已作如是之請求，未得要領，可見建設殖民地於吉打左近之計畫，早經認為重要；故拉愛德之言曰：『我知政府曾向吉打蘇丹要求檳榔嶼，未得要領，我故商得總督之同意，利用我在蘇丹及其大臣方面之勢力，為公司取得檳榔嶼。吉打蘇丹現正求與公等結為盟好，已託予呈上檳榔嶼割讓證，並附各項要求。』

蘇丹之條件

蘇丹提出之割讓條件，拉氏分別加以評語，而對於要求助以兵力軍械以資保護一項，其意見如下：『此項條件，為蘇丹欲與公司聯盟之主要原因。條約上之措詞，務宜審慎，所謂敵人，果挾有賊害蘇丹而覆其社稷之心乎？抑僅對於蘇丹及其大臣有所不慊乎？自應察其究竟，詳加分別。』

拉氏之意，似不難瞭解，蓋謂檳榔嶼若肯割讓，英政府應與吉打蘇丹締結密約，務使足以安蘇丹之位，而保護其國獨立。政府接到割讓證，隨即告拉氏曰：『公司決意接受吉打蘇丹所獻港口及檳榔嶼。政府當常駐兵艦一艘於其地，以防衛檳榔嶼及其附近海岸之屬於蘇丹者。不列顛東印度公司參議院總督應審愼行事，務使蘇丹不因不列顛之建設殖民地於檳榔嶼而受損失。」

竟受其累

然而蘇丹竟因之而受累。說者多謂暹羅王聞蘇丹以檳榔嶼割讓英國，銜恨在心，設毛羽豐滿，當時必興問罪之師。（但據紀載，暹羅在英人建設檳榔嶼時，固大可一舉而取吉打；且半島西岸馬來各邦已大爲所挫，何獨不敢整軍旅以征吉打？則大抵因恐英政府已與吉打蘇丹聯盟，或將出兵援助蘇丹故耳。）可見吾人防衞吉打之責任，尤不容懈忽。但暹羅當時縱憤憤不平，於今歷時已久，怒氣當已霽息。吾英嘗許「嘗駐兵艦一艘以防衞吉打海岸；」然而寇嘗於半島西岸之打冷（Trang）繕兵甲、具卒乘，自海道攻吉打而取之矣。

防衞吉打

總督麥克浮生接受檳榔嶼時，覆書蘇丹，對於蘇丹條件，並不反對，但須呈准英國政府。蘇丹聞拉氏以言約相許，又得總督默認，亦深信公司必無異詞。總督覆書略曰：『蒙惠書內載割讓檳榔嶼於公司一節，已於一七八六年二月六日由拉愛德大佐轉下。拉愛德大佐且告予以吾友亦卽吾弟所要求之各項，予與吾友夙相愛好，情感亦厚，茲以將所要求者轉達英倫及不列顚東印度公司請示。並特遣艦來島守衞，且保護吉打海岸。』末節所言，明指保衞吉打，而扞禦自海道來攻之寇。檳榔嶼佔領後約近一月，而拉氏書中有曰：『吉打蘇丹之畏懼暴君（指暹羅王）而欲與公司聯盟，良非無因，吾固料及之矣』。

奉表稱臣

吉打蘇丹之求助於我，固在意料之中，而檳榔嶼之割讓，亦未始非蘇丹不堪緬暹之擾有以致之。拉氏謂吉打蘇丹奉表稱臣於瓦城（Ava）及暹羅，蓋受困於兩大之間也。爲欲解除其痛苦，遂議與英人聯盟，而檳榔嶼地位優良，又爲英政府所需要，遂割讓之，以盡投報之意。吾人受之，必須承認蘇丹及其後裔爲吉打君主，否則非得暹人之默許，吾人對於檳榔嶼之權利，且不攻自破矣。吾人察知（至少拉愛德氏似能窺破之）蘇丹所以割讓檳榔嶼之本意；知之所以受之，若不受之，乃悖乎情理。至於賠償蘇丹貿易上之損失一節，割讓之時，並無明文，則亦爲討論此重要問題之是非功罪者所當加之意者也。

強有力之同盟

蘇丹接受拉愛德大佐之要求，目的不在金錢，而在得強有力之同盟。謂予不信，請讀下述一七八六年十月五日拉氏致總督信中一節，便疑團冰釋矣。『我答以書（答蘇丹告以暹羅或將入寇之書），謂最妙之策，莫如少與往還（指對暹緬），而自固防衛，英人若在，見事急，必馳援之。讀此數語者，將疑拉氏以吉打爲暹屬乎？拉氏認暹羅爲吉打強鄰，意圖覬覦，則有之矣。若果以吉打爲暹羅之藩屬，曷爲而復願與之締盟，而告蘇丹以「英人若在，見事急，必馳援之」等語乎？可見吾人之本旨，蘇丹之決心，皆已瞭然，不容置辯。拉氏對於佔領檳榔嶼之價值，似亦知之稔熟。』

恨深切骨

其一七八六年九月十五日信中之言曰：『本島地位之宜於經商，凡歐人印度人之曾來是地者類能言之。荷人雖恨深切骨，吉打人民之察知該島可恃爲國外貿易之根據地者，亦疑忌交加，而吾人竟能得之於吉打蘇丹手中。蘇丹要求之未得吾人許可者，惟保護與援助（蓋卽在此時似尙未允給以賠款，）而吉打人民疑忌吾人，實所不解。不拉斯（J. Price）曾於其一七八六年二月二十三日致總督信中對於本島何屬一節發表意見，予迄未提及。據予個人意見以爲不如屬諸 The Negrais；蓋檳榔嶼孤懸海中，與大陸分離，寇不易至，卽土人亦難進攻，且爲合法國君自獻之地，不致引起戰端』。

拉愛德之隱憂

吉打在檳榔嶼開闢爲英國殖民地時確爲獨立國家一層，似無煩旁徵博引；顧若以爲證據未充者，請再以當時印度總督之意見說明之。總督於其筆據中錄其意見如下：——『檳榔嶼之割讓，似全賴吉打蘇丹大臣之勢力而成功，志在得一退守之地，以自設防衛，而禦羣敵，至於蘇丹割地之動機，則在欲得英國之助，以保持其獨立，故蘇丹將與英人爲友爲仇，當視英人之能否助以實力爲定。然英人若果以實力保護吉打，必與暹緬啓釁，而暹羅猶強盛。故拉氏常因保護吉打一層，未得政府之許可，深自不安。其日記中載有與蘇丹會議之言曰：『蘇丹肅予入，不具禮節，若不勝其煩惱者；既而告予，謂來信（總督之信）有一節意義不明，似恐彼不從總督之要求，而先加威脅者；並問予有信稿否。予謂譯文容有誤會，或譯者之所謂威脅，實乃對蘇丹敵人而發；蘇丹將信將疑，命三譯員分別譯之。昨蘇丹提督來，問曰：「檳榔嶼對岸之大年，設爲暹人所侵，爾將救之乎？」今日蘇丹復遣提督來齋有信一件，大旨如下：「玆已接到緬人率兵攻暹之消息，聞兵已及境。暹王亦有信到，促出兵保衛琴克錫蘭，而抗緬人，蓋緬人將以艦隊來攻也。今飭吾弟提督前去，迎吾友來此，以便面承教益，而定衛國大計。」

有負蘇丹

吉打蘇丹所以不從暹王之命而乞援於我者，爲其自身計也。竊嘗深考拉愛德之行事，而益信吾英有負於蘇丹也。拉氏已許蘇丹急難相助，告以信中威脅之語係對敵人而發，並謂彼之受領該島以實行保護爲條件；一七八七年五月十七日約在檳榔嶼佔領後一年，且上書政府曰：『董事部訓令曾謂願償吉打蘇丹金。拉文斯阜艦（Ravens Worth）啓行未久，蘇丹頻來索償金，島上因此缺乏糧食者久之，予與蘇丹書告以政府受檳榔嶼之厚賜，欲有所答償，以悅其心。乃賒以鴉片二十箱，每箱價值二百五十元。從此食糧之供給源源不絕。

蘇丹之恐怖

『吉打蘇丹對於暹緬之恐怖一日不去，則與英人訂約一日不可免，而欲訂立條約，除英人許以保護外，其道莫由。若不訂立條約，使蘇丹常以食糧接濟新殖民地，而拒絕他國歐人移殖其境，則新殖民地必感受種種威脅。設暹人而佔有吉打，吾人不特與倨傲煩擾之國爲鄰，且必助之與他國戰，或與之宣戰。竊以爲公司誠能及今宣布吉打蘇丹在其保護之下，則成功易而需費少，僅須標舉公司之名義而已，又何所畏而不爲？遷延愈久，本島之重要愈惹人注目，而建設殖民地之計畫愈多阻礙矣。丹麥人荷人及法人皆欲得一席之地於吉打而居之，皆願酬以重報。設蘇丹竟以爲英無誠意，聯盟無望，則轉而與他國結好，亦意中事耳。』觀此則拉氏之意，當可瞭然。英國旗幟倘未飄揚於檳榔嶼之時，深望政府援助蘇丹，否則他國將乘時而起，無條件的與蘇丹聯盟，蘇丹又何樂而不從？若謂吉打蘇丹自願割讓檳榔嶼（此說似不可信，因英政府前曾要求割讓，蘇丹嚴加拒絕），拉氏又何來「蘇丹迫令解決」之說，而贊助其要求之條件乎？政府固嘗有不加干涉之意矣，但當初又何不明白表示其態度與宗旨，而竟許拉氏佔領檳榔嶼乎？蘇丹之割讓證亦載有請求保護之條件；總督去函亦謂已派戰艦前來防衛檳榔嶼及吉打海岸，則至少表面上已允許保護蘇丹矣。

格拉斯大佐當時爲陸軍司令，審慎而明察，對於應否以實力援助蘇丹，曾有意見發表，但以力避免開罪官長，語多婉諷，其言曰：『此種行爲及其影響（指奪佔吉打貿易及吉打人民之不平）

以及拉氏對於各項要求不得已而發之遁詞，皆足使吉打人民感悟其爲英人所賣；引起惡感之易，莫此若矣。』蓋吉打人積一年之經驗，深知其受英人之愚弄矣。然其後蘇丹與英人結約，並不固請保護，抑又何耶？則因英人時已佔領檳榔嶼，雖欲去之，力不能逮，爲補牢之計，遂接受償金；然此未足以贖我英負約之愆。吉打人民雖昏庸，當亦知檳榔嶼之失，有礙吉打貿易；其所以不惜將商業利益作孤注之一擲者，志在聯英以抗暹人也。

琴克錫蘭

拉愛德大佐嘗述琴克錫蘭之言曰：『吉打蘇丹欲得此間諸海（指沙冷與丹著間之海）之統治權，並請發給護照於其官吏，准其在彼搜採燕窩及海蛤，每年可獲利一萬二千元至一萬五千元，自暹羅失敗（指爲緬所威服）後，馬來人佔領是島（琴克錫蘭），吉打提督大權獨攬，奴役暹人，卒至島民起而謀解放，一舉成功，提督傷該島之驟失，而適聞黑玲君欲建設之爲殖民地，遂授我以八千之衆。』設吉打蘇丹當時確爲暹羅藩屬，安能享有燕窩貿易之利，又安能要求海權，蓋可不待言而自喻者矣。

宣告屈伏

拉愛德未得官長同意，陰許蘇丹之要求，卒之心餘力絀，其處境之難，自可想見。一七八七年六月十八日其之信中嘗言曰：『我已供給吉打蘇丹鴉片二十箱，每箱價值西班牙幣二百五十元，在公司未與蘇丹訂約以前，我暫不追償此款。』蓋拉氏亦深知其允許蘇丹之條件，實非其能力所能實踐，計無所出，但求設法慰藉蘇丹而已；故曰：『在公司未與蘇丹訂約以前，我暫不追償此款；』是不啻宣布公司屈伏之詞也。顧所謂條件何指？蘇丹若果自願割讓檳榔嶼者，拉氏又何必固請政府與之訂約哉？則其嘗重許蘇丹，蓋可知也。

英人之佔領檳榔嶼也，在一七八六年八月十一日，而當時總督對於保護吉打，並無反對之意。及一七八八年一月，政府始告拉氏曰：『對於保護吉打以抗暹羅，參議院早有決議，凡足牽率公司入於軍事行動，以抗東方國家之計畫，概非所願與聞，故凡法令或言約之涉及防衛吉打蘇丹者，務宜避免。但拉君若能利用公司之威力，以保護吉打蘇丹之安全，而不背議定之方針者，參議院總督可無異詞。至於法令或宣言之牽涉及公司名譽軍事等項者，在所嚴禁。」

處境危迫

此項意見，實足與總督以莫大之困難。保衛吉打蘇丹既出於拉氏能力之外，其處境之危，蓋可想見。蘇丹自知爲英人所欺，遂一面自設防衛，一面對於彼所認爲負義之流務求報復，此卽拉氏所謂「雙管齊下，詭譎無比」者也。拉氏告政府：『克蘭波斯艦(Grampus)大佐拉翼德 (Captain Wright) 於本月二十一日自暹羅抵此，據稱彼在暹羅，人有問以本島兵力若何者。法主教囑毋言檳榔嶼，因暹王聞英人在檳榔嶼，已不勝其煩惱；克氏啓程時，或告之曰：『暹王已致書公司，請佔領丹著。』吉打蘇丹遣使二人在暹，道路傳言皆謂蘇丹已乞援於暹，約共攻英。琴克錫蘭傳來消息，大略相同，則謂蘇丹已作書求援於暹，以驅逐英人出檳榔嶼。杞人憂天，庸人自擾，致政府多所勞頓，良非所願；但暹人波譎雲詭，尙未審其宗旨何在，彼若破滅吉打，則我食糧之來源阻塞，而俯帖以聽吉打與我離異，不列顛威望又安得不浸以淩替乎？

出兵自衛

『至此則吾人爲自衛計，亦不得不與暹人及馬來人以兵戎相見。我公若果有志扞衛吉打，幸卽遣送印度兵二隊，六磅野戰砲四尊及軍用品若干來此，當足寒暹人之膽。暹人縱暴戾恣睢，臨陣尙非勁敵；與其待暹人佔領吉打不得已而驅逐之，曷若及今援助蘇丹，成功易而需費少乎？』

約在此時，格拉斯大佐亦上書總督曰：『吉打蘇丹現尙視我如友。但蘇丹旣優柔寡斷，其議會中人又詭計多端，所謂友好，恐不可久恃。而我終以爲（理由已呈達我公）蘇丹之友誼及吉打之獨立，若能保持弗失，實爲本殖民地前途和平幸福之所利賴。』

尙在希望中

下文摘錄拉氏致政府書，可見當時蘇丹對於英國保護尙未失望。雖拉氏對於蘇丹之友誼不無懷疑，而蘇丹仍聽從拉氏之忠告，不願利用其可能之計畫，興兵征服其鄰國暹羅，以擴啓封疆，而增加戶口；蓋非確有成功之把握，不敢輕於嘗試也。遂嚴自守衛，保境安民，不願以怨報怨，是拉氏教之，而吾人所當嘉許者也。約在一七八八年六月，拉氏對於蘇丹要求擬欲商得一最後之辦法；其言曰：『我主張每年酬償蘇丹銀一萬元，八年爲期，或終公司佔領檳榔嶼之時，每年償以銀四千元，皆未得覆。我曾婉告蘇丹，請其接受我公之提議，謂公司雖因不願啓釁於友邦之故，不與蘇丹聯盟，但蘇丹危急之時，我當就近相救，公司亦絕無異詞也。』

自知受愚

檳榔嶼佔領後約三年，時在一七八九年六月，吉打以英政府方面之援助已絕望，擬與他國訂盟，與拉氏交誼漸疏，拉氏深以爲慮。蘇丹對於償金，初則拒絕接納，是可見其意不在此，繼雖受之而面無德色，則其自知受欺於英人，亦可瞭然矣。拉氏之言曰：『暹羅將乘機派兵入打吉及丁加奴，可無疑也。』既而又曰：『我已爲明公述及吉打蘇丹之爲人，以便觀察其擕貳之心，今果漸見端倪，我之所以不請命於公而先自進行者，正爲此也。我告蘇丹，謂政府願在七八年之內每年以萬金爲酬，蘇丹默然者久之，終辭不受。並未與我議定金額，亦未言公司應若何而方可愜其意。旣乃告予謂受金寶島，雅非所願。予遂問曰：「終公司佔領檳榔嶼之時，每年酬以四千金可乎？」蘇丹又默然良久，卒答曰：「不可」。同時信使頻至，促我允如所請：若暹人來攻，公司卽以軍械兵力相助。予託詞答之，謂條約之足使公司與暹人啓釁者，非得英王許可，不能簽訂。今蘇丹與暹人旣無開戰之由，可無慮也；且暹羅及其他各國皆視英爲友，蘇丹若非誤施政策，決無外寇至也。據我所得消息，蘇丹曾遣人齎書往馬六甲及巴達維亞，以偵察荷人能否許以較優之條件。客歲蘇丹又齎書至本地治利，藉察法人願否爲之扞衞國境。

蘇丹之信

吉打蘇丹請求保護，拉愛德大佐對之旣心餘力絀，繼其後之總督亦無能爲力，蘇丹請願雖頻，壓迫雖甚，無益也。其後印度總督明道公 (Lord Minto) 來檳榔嶼，方首途赴爪哇之際，蘇丹乘機於一八一〇年十二月二十四日齎呈一書甚長，縷述其與英人歷來之關係及其目的所在，以及暹人之壓迫如何嚴酷，請求英政府保護之如何迫切。其文曰：『一七八四年，先君在世，拉氏銜英王及總督命，齎隆儀來見先君蘇丹，要求檳榔嶼，盛稱英王雄才大略，賢明睿智，與貴公司之富阜昌熾：允許先君凡有所陳請，英王及總督無不樂爲援助，務使敵寇遠颺，不敢逞志於吉打；並願每年償以租金三萬元，而訂立各項條約。

強國之庇護

『先君商諸羣臣，僉以緬暹兩國皆強於吉打，而歐王（指英王）尤強於緬暹，若得英國東印度公司而爲之友，則足以寒暹緬之膽，而不敢以無禮相加，且素仰歐人公正自持，若與公司結爲盟好，一旦緬暹無端與我啓釁，得公司之救助，亦無患不能掃除寇氛。先君與諸大臣商議之下，衆謀僉同，皆深願與公司結爲友好，意謂吉打既得強國之庇護，傳之子孫，乃可千秋萬世，浸熾浸昌：蓋吉打壤地褊小，國力單薄，微公司助，不足以攘外患而臻於強盛也。先君感於友誼，遂如總督代表拉氏所請，以檳榔嶼與之，並將要求各項錄成公文，託拉氏轉達總督。未幾拉氏卽率領印度兵來居島上，通知先君，謂所要求者，總督無不許可，茲已遣人來島居住；並謂先君公文一紙，已由總督轉呈英王請示，六個月內，當有覆音。先君遂許拉氏居檳榔嶼，並飭其國民襄助工作，官吏會防海盜。先君靜候覆音之至，閱一年而杳無所聞，乃向拉氏追問，拉氏囑少待。凡經六年之久，終不得確切之答覆，每年僅得償金萬元，此外各項條件，拉氏皆置之不理。卒以先君固請按照前議，訂立條約，吉打與檳榔嶼遂發生誤會。其後乃有新盟約之締結。

『自新盟約締結後，總督之來治檳榔嶼者衆矣，而先君從未得一紙公文於英國或參議院總督。一八〇〇年先君讓位於先叔。時檳榔嶼民政長爲拉愛思爵士，要求割讓檳榔嶼對岸之地，謂島地褊小，島民欲得木材，養牛羊，深感不便，先叔爲便利島民起見，許之（界域當卽劃定），而仍以保境攘寇之責任委之公司，拉爵士遂與之訂立新約，凡十四條款，熔兩國於一體。本條約及前項條約皆具詳於公司紀載。先君及先叔在位之時，未嘗有寇亂；寡人卽位以來，亦從未乞援於英王或參議院總督。寡人遂決然舍去，凡屬關係兩國之事件，僅與檳榔嶼總督往還商議，而歐洲方面終無確切之條約，亦無眞摯之表示。寡人秉政以來，前暹王頗能恪守成規，不加侵擾。前暹王歿，其子於一八〇〇年即位，對於吉打遂肆暴虐，不顧成法，無理誅求，吉打蘇丹凡遇合乎理法之事，罔無不曲從，而暹王威脅備至，我既畏其兵力之雄，又欲保持社稷宗廟，正不知將何以自處也。近復增加其要求，重我以徭役，要皆反情逆理，而寡人爲國交和睦計，爲民衆安寧計，不得不低首下心，屈伏於其暴力之下。爲欲奉行暹王之要求，勞役之重，費用之大，實屬難於縷計，且不可以言語盡之，要皆從來所未有，故寡人受暹王之威脅凌辱，可謂至矣；然而暹王猶未諒解，終不言和，暴虐壓迫，靡所底止，不復信賴寡人，以寡人爲與緬甸有所聯絡也。今暹人已與緬人宣戰矣，究暹人目的所在，無非欲破滅吉打，覆其社稷，以隸屬歸暹羅耳。寡人屢欲結好於暹羅，終歸失敗。吉打與暹羅之關係，曾已詳告檳榔嶼諸總督，請示辦理，並求公司援助，無非繼承先人之遺志也。而吉打與檳榔嶼既相與如一國，則吉打之患難，亦即檳榔嶼之患難。總督曾切戒寡人力避與暹羅啓釁，謂英政府向不願干涉鄰國戰事，援助非所能也。此於他國或屬有當，顧非所論於相與如一國之吉打與檳榔嶼。農工伕役爲欲結歡於暹人，已苦徭役之繁苛，寡人以力避與暹羅邦交破裂，亦既疲於奔命矣；然反常逆理之要求，寡人雖懦，不敢屈伏，是以向檳榔嶼總督披瀝陳詞，請求公司予以援助，壯寡人之膽，使能拒卻暹羅人之要求。先君在日已與公司締結盟好，英王素以勢力雄長著稱於世，今若置夙好於不顧，得非盛名之累乎？抑吉打與檳榔嶼已結成一體，憂樂相同，休戚與共，英王及我公將猶未及知之，故未授權檳榔嶼總督，急難相救，今若得知其詳，當亦知兩國之難分彼此也。萬望我公將本函各節轉達英王及公司，並望拉氏與先君所訂條約卽予批准。吉打與寡人今且日就衰弱矣，英王陛下若能推愛及於寡人，播厥聲威，鎮茲遠土，寒敵人之膽，安吉打之基，必能使寬宏正直之名永垂不朽，而寡人尤當感激涕零者也。英王陛下誠能視寡人若子民，而訓令檳榔嶼總督遇寡人有急，率兵相從，以資策應，而拯危亡，並頒布明文，合兩國於一體，則檳榔嶼事有危急，寡人亦當視力之所及，執戈相助，庶幾安樂與共，患難相救，而莫敢誰何矣。最後寡人不得不鄭重要求英王及我公賜以正式約書，俾可昭示來茲，而便信守。上述各節，想英王必能推愛允納，而樂予贊助也。」此吉打蘇丹致印度總督明道公之書也。所言皆實情，拉氏函件，可資爲證。可見檳榔嶼助割讓，未嘗無餌引之物，其物維何，則卽拉愛德大佐允許蘇丹之條件也。大佐以得島心切，所許諒必不薄，及政府不能允如所請，而蘇丹屢以負約相責，兩不見好，大佐精神上之痛苦深矣。

中華民國二十五

館

版權所有
翻印必究

校訂者　陳宗山　上海河南路
發行人　王雲五　上海河南路
印刷所　商務印書館　上海河南路
發行所　商務印書館　上海及各埠

（本書校對者王煊耆）